張宏實 / 著

誦經與量子力學

從藥師經儀軌了解意識能量轉化的奧祕

佛學與科學的交會

　　1997 年 10 月在印度的達蘭薩拉，六位科學家與第十四世達賴喇嘛進行一場國際研討會，連續五天討論「佛教哲學」與「近代物理」。研討會中的近代物理就是以「量子力學」為主軸，也涉及「相對論」的時空扭曲，以及宇宙早期膨脹理論。量子力學（Quantum Mechanics）是以數學公式來呈現電子、中子、質子等基本粒子運作的物理學。

　　達賴喇嘛在會中對著**不懂佛教思想的科學家們**，闡述實相、空性、因果、佛教世界的宇宙觀。六位國際知名的科學家（包含一位太空科學家）則對著**不懂量子力學與宇宙科學的達賴喇嘛**，講述科學理論與實驗，而且內容很深入。

　　會談中發現量子科學與佛教哲學充滿許多交集，如量子意識、能量運轉、意識可影響物質世界、業力運作……等等，這些討論都出現在本書中。從二十世紀開始，量子科學以驚人的速度蓬勃發展，而且讓人們發覺到原來**「佛教邏輯與科學邏輯」（該研討會的一個議題）可以相互比對，對此讓人覺得「心靈與科學的交會」是如此奇妙。**

　　量子力學對於這個世紀人類的物質發展影響巨大，人手一支的智慧型手機，或是汽車衛星導航，甚至醫院的核磁共振應用，都屬於量子科學的領域。特別是量子意識的研究是非常前衛的科學概念，它融合了量子物理學（光子）與意識研究（生命體的意識）等兩個範疇，在本書呈現的實驗內容中，**甚至認為光子可能具備意識。**

以量子實驗的角度分析佛教思想，特別是佛、菩薩能量的運作

　　本書是筆者先前著作《咒語：下載宇宙能量的通關密碼》的延伸，該書強調：「宇宙萬物時時刻刻相互振盪，發展出我們對宇宙智慧能量的認識與探索」。在本書一開始的單元中，說明了量子力學與佛教思想的連結（Part1）。六位科學家與達賴喇嘛於研討會中提及的重要科學實驗與佛教思想，都被筆者寫入，包含量子力學中的科學家普朗克提出的母體（Matrix）、惠勒的延遲選擇實驗（delayed choice experiment）、波姆的內在隱含的秩序（implicate order）、海森堡的測不準原理（uncertainty principle）。筆者將以科學實驗的角度，再次分享給讀者有關佛教思想中佛、菩薩能量的運作。

《藥師琉璃光如來本願功德經》與經、咒、儀軌的探索

　　從第二單元起，本書正式由量子力學進入佛教世界的經、咒、儀軌。「經」是人類的智慧文字，「咒」是佛、菩薩的智慧能量。至於「儀軌」則是僧侶於寺院誦經持咒時的儀式軌範，但也可以應用於個人居家的修行。其中的儀軌在「誦經的前後」可區隔為前行儀軌（Part2、Part3）與後續儀軌（Part5）。「前行儀軌」的重點是提高誦經效能的方法，同時下載佛菩薩的智慧能量。「後續儀軌」是誦經之後透由真言、偈、讚對經典內容的總複習。兩者之間才是正式經文，我選擇《藥師琉璃光如來本願功德經》（簡稱《藥師經》）這部經典進行說明（Part4）。

　　以《藥師經》來說明是非常合宜的，因為該經是難得一見「經、咒、儀軌」三合一的智慧法門。本書除了解說《藥師經》的核心要義之外，也一一交叉對照經、咒、儀軌之間的關係。**透由這部不可思議的經典，呈現本書的核心概念之一：「宇宙的智慧體可以轉換能量形式，成為佛經裡具備身形的諸佛、菩薩或是護法」。**

《藥師經》的「前行儀軌」擁有三股宇宙強大的智慧光能，分別是琉璃光、日光、月光，在經典中被擬像化成為藥師三尊；接著八股宇宙智慧動能包含慈悲、智慧、力量、願力……等等，分別擬像化成知名的八大菩薩。還有地球自然的環境能量則擬像化成十二藥叉神將，祂們二十四小時隨著時辰的變換，輪流守護著娑婆眾生。

當進入「正式經文」之後，以神聖智慧體的十二大願展開，協助修行者追尋終極智慧「無上正等正覺」（音譯阿耨多羅三藐三菩提）。先提醒讀者，「無上正等正覺」接近科學家普朗克所說的「有意識的智慧」——Matrix（母體），而量子力學也認為 Matrix（母體）是發展出宇宙萬物的源頭。

結束經文後的「後續儀軌」中，包含了〈藥師灌頂真言〉、〈藥師偈〉（固定音節的四句文字）、〈藥師讚〉（每句字數不定），這些都是《藥師經》完整內容的總複習，透由簡短扼要的文字來回顧龐大的經文。**其中偈與讚是經由思維文字語言來體悟的「人間智慧」，真言是透過音韻振動連通藥師如來的「宇宙智慧」。**

別忘了閱讀延伸學習，充滿豐富訊息

延伸學習中《四合經》的經、咒、前行儀軌、後續儀軌的比較表格也請讀者仔細閱讀。其內涵蓋著豐富的訊息，可以讓讀者在誦讀《藥師經》、《金剛經》、《佛說阿彌陀經》與《普門品》有個清晰的輪廓。

此外，延伸學習中還選出了與佛教宇宙觀、意識、能量、智慧相關的四個雙縫實驗，可讓讀者深入體認科學與佛學之間的共同點，也建議讀者詳加閱讀。

Contents

PART2　前行儀軌：這樣誦經才有效

Contents

PART5 後續儀軌：誦經後的總複習

延伸學習

導讀

Part 1 　意識的運作與能量的轉化

量子宇宙意識與佛教宇宙意識

　　第一部分是厚重的意識分析，單元 01~21 都是圍繞於不同層面的意識。先是量子力學的宇宙意識（Matrix）於單元 01~04 以科學性的角度切入，了解宇宙萬物時時刻刻在振動的現象，也認識宇宙意識會以能量的形式持續振動。而後，單元 05~09 是進入佛教世界的諸佛、菩薩，祂們都是宇宙神聖的意識體，屬於宇宙意識的層面。透由「真言」（宇宙的真實語言）的意義，我們學習梵語，認識佛號，連結到一個又一個神聖智慧體。而佛教最高層級的宇宙意識就是「無上正等正覺」，或音譯為「阿耨多羅三藐三菩提」。

人類感官意識進入 DNA 意識的運作

　　單元 10~14，由前面單元「科學的宇宙意識」與「佛學的宇宙意識」轉進「人類的感官意識」。這幾個單元中，我們著重於嗅覺、視覺、聽覺於修行過程的連結，它們在人類的感官（眼、耳、鼻、舌、身）上實踐效果格外突出。

　　接著單元 15~17，再度以科學的角度看待人類 DNA 意識的運作，這是屬於量子生物學的實驗。在現代物理研究的背書下，生命體意識的運作確實會影響物質世界。生物科學家知道人體的 DNA 具備資訊儲藏的功能，量子科學家則知道人類屬於宇宙中的生命意識體，透由實驗也認同人類的 DNA 意識擁有能夠影響宇宙的能量。

修行者的觀想意識，由抽象意識轉換成具體形象的佛像

　　單元 18~21 是討論修行者的觀想意識。「觀想」是一種非常優秀的教導、技巧與方法，可以將抽象思想予以視覺化。佛教世界的佛菩薩殿堂充滿宇宙能量的具象化，例如慈悲能量與智慧能量轉化成觀世音菩薩與文殊菩薩。由此我們在單元 22~24 走入誦經儀軌，包含前行儀軌、正式經文、後續儀軌的「基本認識」，這些都是修行過程中抽象意識轉換成具體形象的儀式軌則。

　　視覺與觀想有密切關係，視覺是感官意識的超級大將。誦經的儀軌可以實際探索（實修而非空談）進而發揮大腦機制，啟動每個人觀想的能力。透由一連串意識單元的認識，清楚知道儀軌步驟的重要性與操作要點。再延伸至四種念佛方式的認識，分別是稱名、觀像、觀想、實相。

Part 2　人類能量的淨化、地球空間能量的淨化，再到宇宙虛空能量的凝聚

　　第二部分總共九個單元，是前行儀軌的前半部，此乃一系列宗教活動的儀式軌則。過程先是人類能量的淨化，而後是地球空間能量的淨化，最後是宇宙虛空能量的凝聚。

　　前行儀軌的「前半部」適用於大部分的佛經念誦，由〈爐香讚〉開始，接著是五個真言、〈發願文〉與〈開經偈〉。發願文宛若誦經者向宇宙下訂單的祈請文，佛菩薩會予以回應的。開經偈是進入經文前的感恩與叮嚀。在此，我們先認識重要的五個真言，它們適用於大部分的經文。

言語、身體、心識的淨化，到環境空間的淨化

第二部分單元 02~07 討論五個真言，等同於認識五個宇宙的真實語言。其目的是在「誦經之前」建立人類身體的守護空間，淨化修行者的身、心、靈。首先是念誦〈淨口業真言〉、〈淨意業真言〉與〈淨身業真言〉，可以純淨我們語言上、意念上與身體的業，屬於人類個體能量的運作。接著，由人體的淨化轉入周遭環境守護空間的建立，此真言稱為〈安土地真言〉。過程是呼喚「大地之神」來結界的真言，「結界」就是淨化空間，創造一個念誦經文時的神聖的守護空間。

讚歎宇宙虛空的生成，讚歎宇宙本質

最後是〈普供養真言〉，此乃「虛空藏菩薩」的真言。「普」代表「宇宙虛空」，「供養」即是「養分能量的供應」。懷抱著對天地自然的感激與尊敬，讚歎宇宙虛空的生成，讚歎宇宙的本質。前行儀軌的五個真言是由人類身體的淨化、環境空間的守護，直到宇宙虛空能量的凝聚，請讀者專注學習。

Part 3　二十三股宇宙智慧能量的擬像化

第三部分是本書前行儀軌的「完結篇」，是透由《藥師經》做為範例，總共二十三股宇宙智慧能量的擬像化。**請注意，不同經典在前行儀軌的「前半部」大致相同，但「完結處」是不相同的，因為面對的是不同的佛菩薩。**《藥師經》擁有非常龐大的宇宙智慧體，可以讓人充分理解佛教神聖殿堂主要的佛菩薩。

第三部分單元 01 先描述藥師經的三股宇宙強大的智慧光能，分別是琉璃光、日光、月光，在經典中被擬像化成為藥師三尊。接著是單元 02~05，八股宇宙智慧動能包含慈悲、智慧、力量、願力……等等，分別

擬像化成知名的八大菩薩，祂們可以引領人們前往東方淨土。接下來單元 06，地球自然環境的能量則擬像化成十二藥叉神將，祂們二十四小時隨著時辰的變換，輪流守護著娑婆眾生。**請注意，藥師三尊與八大菩薩是來自於宇宙虛空的智慧能量，而十二藥叉神將是地球山林的自然能量。**因為十二藥叉神將的能量存在於地球，所以祂們被視為藥師如來在娑婆世界的化身，這是能量的轉化與再現。

Part 4　解析《藥師經》的智慧能量，認識此經的結構

認識藥師如來的三個經名：十二大願、十二神將結願神咒、拔除業障

　　《藥師經》總共有三個名稱，透由經名我們可以知道該經最重要的意義。其中，最完整的經名是《藥師琉璃光如來本願功德經》，「本願」的意思是根本願望，經文描述虔誠發願可以帶來神聖的能量與美好的功德。在經文的一開始很快就進入著名的藥師十二大願，這是藥師如來尚未成佛前的誓願。強大的藥師能量能夠對治業力，包括現在、過去甚至未來的業力。第二個經名是《十二神將饒益有情結願神咒》，**「結願」一詞的意思是「連結美好的願力」**。完整的概念是說在藥師法會結束之後，因為饒益有情的神咒，強化了十二藥叉的山林神力而得以連結美好的願力。最後談業障，業障是業力形成的障礙。《拔除一切業障》是《藥師經》最後一個經名的精華，可以拔除過去、現在與未來的生命障礙。

在真實世界創造純淨的修行空間：光影、淨水、花香、薰香

　　《藥師經》的另一個龐大篇幅要點就是摘要了「藥師儀軌」的精華，這部分寫在本書的第四部分。將「六供養」融入生活之中，在真實世界創造一個純淨的修行空間。經文中細說供養佛、菩薩的物品，分別是花、塗香、水、燒香、飯食、燈明。現代的寺院也都融合了這些元素，日本

京都獨特的生活美學就是如此，擁有花道（花）、香（塗香、燒香）、光影（燈明）、淨水（水）與精進料理（飯食）。

從《藥師經》中，我們可由過往人類的佛教儀式，學習到清淨自己的生活模式。六供養與人類的感官意識相關，我們只要準備一杯茶（味覺），小小的一尊佛像（視覺），點一支香（嗅覺），再透由手機或電腦播放網路上的咒語念誦（聽覺），就可以在居家創造清淨的修行。

死亡審判：奇幻生死，神奇迷離

《藥師經》有相當細膩的死亡審判，在經中是難得一段生動寫實的描述。由佛陀弟子阿難與救脫菩薩進行的一場生死對談，談話的重點在於「病危」與「死亡過程」的「解難」。其中有個**特別的「俱生神」，宛若生命歷程的隨身碟，記錄個人一切的所作所為**。當來到命終，閻羅法王開啟這份個人隨身碟，計算每個人一生作為，根據罪福的輕重，處理斷定其業報。奇幻生死宛如夢境，死神的審判充滿迷離奇術。

宗教法會儀式：五色神幡、續命燈、藥叉五色縷

如前所述，佛教法會儀式有一定的軌則，可以稱為「儀軌」。一般經文多半著重於經或是咒，而《藥師經》以相當的篇幅描述古代寺院的儀軌，形成一部經、咒、儀軌三合一的特殊經典。「經」是人類可以看懂的智慧文字，「咒」是佛菩薩的神聖語言，「儀軌」是寺院法會的儀式規則。其實，經、咒、儀軌都可以融入個人的生活。在《藥師經》的儀軌中，五色神幡、續命燈與藥叉五色縷格外特殊。透由經典的分析，我們理解了它們的功能與隱藏的意義。當然我們不可能在家中創造寺院的五色神幡、續命燈、藥叉五色縷，但是可以轉換成居家的清淨燈明與隨身的護身符。所以，**佛經的閱讀、咒語的誦持與寺院的儀軌，都可以融入現代的生活，發展出精進心靈的新風貌。**

Part 5　後續儀軌：透由真言、偈、讚 做為《藥師經》的總複習

　　這是《藥師經》的總整理，安置於後續儀軌。每部經文的提示重點不盡相同，在《藥師經》總共有七個重點：❶ 藥師灌頂真言，❷ 解冤偈，❸ 消解病咒，❹ 藥師偈，❺ 三皈依，❻ 藥師讚，❼ 迴向偈。

　　〈藥師灌頂真言〉是整部《藥師經》最根本的咒語，〈消解病咒〉是輔助的真言咒語。〈藥師偈〉、〈藥師讚〉、〈解冤偈〉是古代大德或是寺院僧侶讀經之後的心得整理，透由簡短的偈與讚，讓修行者在誦完經之後有個踏實的複習。〈三皈依〉與〈迴向偈〉是不同經典必有的單元，圍繞著感恩、懺悔與慈悲，讓修行者在追求智慧的過程中更加安穩。

　　在不同的年代或傳承中，佛教發展出不同版本的藥師偈、藥師讚。筆者都會閱讀與念誦，因為**它們宛若不同古代智者的心得筆記，可以讓人擁有滿滿的收穫**。建議讀者不妨多接觸不同的藥師偈、藥師讚。

延伸學習：四合經儀軌分析

　　寺院的三寶佛是藥師如來、釋迦牟尼佛、阿彌陀佛，再加上觀世音菩薩，成為漢傳佛教非常重要的佛菩薩，各有個別的經典，結集成著名的「四合經」。佛教徒透由這四部經可以獲得不同領域的神聖智慧，分別是 ❶《藥師經》的現世身心靈的平和，❷《金剛經》的空性智慧，❸《佛說阿彌陀經》的淨土思想，❹《普門品》的不可思議的神通力與慈悲能量。**這是漢傳佛教最重要的四個守護能量，以佛像或是經文的形式來守護眾生。**能接觸這四部經典，對於虔誠的修行者來說已經是非常美好、完整的生命學習，許多精進的佛教徒每天都能誦完此四經。

在延伸閱讀單元中，我們比對了「四合經」的經、咒、前行儀軌、後續儀軌的分析表格，強烈建議讀者能仔細閱讀。其內涵蓋著豐富的訊息，可以讓讀者在誦讀《藥師經》、《金剛經》、《佛說阿彌陀經》與《普門品》有個清晰的輪廓。

延伸學習：雙縫實驗説明

長久以來，達賴喇嘛對科學一直很仰慕，採用開放的角度來看待宗教。達賴喇嘛認為，如果科學證明宗教有錯誤之處，宗教就應該修正。而透由雙縫實驗，能夠了解為何量子實驗可以連結到佛教思想。2018 年，一位來自臺灣的科學家在達蘭薩拉的物理座談會請教達賴喇嘛，理解量子力學對他平常的修行是否會有幫助？達賴喇嘛給予肯定的回應，也說**自己的觀想修行在某個層次時，透過量子科學思維的確有幫助。**在延伸學習單元，我們分享量子力學領域中四個重要實驗，是人類物理史的系列雙縫實驗。長達兩百年的物理實驗演進中，超過十個以上的雙縫版本。我們選出與佛教宇宙觀、意識、能量、智慧相關的四個實驗，一起感受達賴喇嘛與西方科學家對談的知識收穫，體認科學與佛學之間的共同點。

實驗 1：1803 年，湯瑪士・楊格進行人類史上首度的雙縫實驗，證明光是
　　　　一種波。
實驗 2：1909 年，泰勒爵士一次一個光子實驗，發現光子似乎有分身術。
實驗 3：1965 年，「費曼想像實驗」與真正實驗室的結果：
　　　　科學家察覺到光彷彿有意識。
實驗 4：1979 年，「惠勒延遲選擇想像實驗」與真正實驗室的結果：
　　　　不可思議的因果，現在可以改變過去。

PART1

誦經與量子力學

01 學佛，爲什麼要會誦經？

學佛就是學習佛陀的智慧，
跟佛陀一起學習探索宇宙的真理

「佛陀」一詞是梵語 Buddha 的音譯，經常簡稱為「佛」。佛陀意指證悟宇宙真理、解脫煩惱的人或那種美好的狀態，任何人都有機會達到那個境界，你我都一樣。學佛就是練習達到那個美好境界的過程，跟著佛陀一起學習探索宇宙的真理。

佛陀的智慧境界是非常神聖奇妙的，那個境態是已經領悟宇宙終極真理，這個真理在佛教稱之為「實相般若」（prajna of the characteristics of actuality）。

實相般若包含「實相」與「般若」兩個詞，初看似乎是複雜艱澀的字詞，但千萬別被這兩個名詞嚇到，其實它們一點都不難理解。「實相」一詞簡單說是宇宙真理，是宇宙自然法則的真實相貌。而「般若」是印度梵語中智慧（prajna）的音譯，念成「波惹」。般若不是一般聰明才智的智慧，在印度梵語的原始意義是「最高境界的智慧」。

般若是最高境界的智慧，無法用邏輯思維來理解，所以它是超乎人類語言文字所能描繪的智慧（wisdom）。中文裡，經常多一個奇妙的「妙」字來與一般的智慧區隔，稱為「微妙的甚深智慧」。

實相般若是超越二元對立的圓滿智慧

實相是宇宙真理的真實相貌，般若是超乎人類語言文字所能描繪的智慧。實相般若所代表的真理指的是「圓滿的智識」，不同於一般事理的邏輯理解或辨識能力。既然是超越邏輯判斷，實相般若也就是超越二元對立，超越是非、善惡、對錯……等世俗的角度來看待事情的智慧。

擁有妙智慧才可體證一切現象的真實性，但這可不是以人類思維的角度所看到的宇宙萬物。佛教創始者釋迦牟尼是我們所知在這個世界上達到這種狀態的聖者之一，當然還有其他我們不知道的優秀聖者也已經達到了。

學習如何探索智慧，在生命中遠離煩惱

為何要學佛？世界上有美好的事物，但令人痛苦煩惱的事總是存在，而且很可能經常發生在我們周遭，這是生命真實的面貌。即使是一位秉持著樂觀正面態度的人，人生中痛苦煩惱的事仍不曾遠離。學佛的目的就是追尋宇宙真理，達到沒有煩惱的狀態，而「解除煩惱」是這個意識層面的高階目標之一。

小要點

實相 宇宙真理、宇宙自然法則的真實相貌。

般若
♦ 印度梵語中智慧（prajna）的音譯，念成「波惹」。
♦ 指最高境界的智慧。

如果更直接來看佛教思想的影響，學佛是深入到「身、心、靈」三個層次的智慧學習。「身」是肉體的組織器官，「心」是大腦開發出來的人體潛能，「靈」就是人體潛藏的智慧能量，再加上宇宙純淨的智慧能量。學佛是探索這三個層次的不同境態，如果能夠讓這三個層面維持在美好的狀態，就可以遠離煩惱，達到離苦得樂的境界。

學佛的途徑，誦經與觀照

般若是最高境界的智慧，是更高級的知覺能力，在佛教中，要獲取這樣的智慧，或是達到佛陀的狀態，基本上有兩種途徑：❶ 文字般若和❷ 觀照般若。當然還有其他方法，但這是一般人最容易理解的途徑。

閱讀及思維佛經就是「文字般若」（prajna of languages），也就是誦經或是閱讀經文；而禪定或是透過持咒進行禪修就是一種「觀照般若」（prajna of contemplative illumination），其過程是透由沉思冥想達到覺醒的狀態。文字般若與觀照般若兩者殊途同歸，最終目的都是要追求宇宙真理，體悟一切事物的真實性，也就是體悟到終極的「實相般若」（prajna of the characteristics of actuality）。

簡單而言，誦經、禪定與持咒，都是我們獲取智慧的重要途徑之一。

小要點

◆ 文字般若（閱讀及思維佛經）
◆ 觀照般若（禪定或是透過持咒進行禪修） **實相般若**

「經」是人類的智慧文字，「咒」是佛、菩薩的智慧能量

誦經是體會佛經之美的方式之一。佛陀在還沒有獲取宇宙智慧之前，名字是悉達多（Siddhartha），是個印度王子。佛經即是悉達多這位古代偉大智者的智慧集結，但我們所看到的佛經並非由他本人親自完成，而是由佛陀的親隨大弟子整理他的講述，累積時日而集結成冊，之後再由印度的優秀僧侶於修行過程中反覆推敲，才完成梵語版本的種種經文。接著又傳入中國，被逐字逐句翻譯而成我們現在念誦的漢字佛典。

平日佛教徒誦讀的經典，像是《心經》或是《佛說阿彌陀經》，其內都包含「經」（sutra）與「咒」（mantra）兩個部分。「經」是人類可以理解的文字，「咒」是禪定過程中與佛、菩薩溝通的神聖語彙。咒的形式多樣且特別，像是有些咒是人類無法理解的宇宙音韻，具有單純音韻振動所產生的能量。誦經時，「經」與「咒」這兩個部分都必須學習。

正面能量會在誦讀中轉入自己的身體

學佛的過程是清淨美好的，虔誠的佛教徒每日總是在手敬香後，翻開佛經，展開美好智慧的學習。在誦讀的和雅妙音聲中，誦經者慢慢沉

小要點

經 sutra ➕ 咒 mantra ➡ 佛教經典

浸於佛經的音韻、節奏，與善美思想義理的理解。請記得，誦經是包含經與咒的，像是《心經》或《佛說阿彌陀經》都是如此。誦經過程中，除了可以端心正意，使大腦處於空的寧靜狀態，更有利於安心息妄，升起美好的思想，遠離負面能量。將正面能量在聲聲誦讀中轉入自己的身體，帶來美好的情緒。人類的情緒會影響身體細胞的運作，但堅強的心念能量對身體可以產生更大、更直接的作用，特別是在有效誦經的協助之下。

提升意識能量，接觸宇宙的神聖意識體

常人的智慧足以處理日常生活所需，然而，想要進入更高階段的生命學習，則需要超凡的智慧。這樣的智慧要往何處尋求呢？如前所述，**念誦經文與持咒就是一個祕密通道**。透過念誦經文與持咒，能由「世間的人生智慧」連結到更高階的「宇宙神聖意識體」，修行者藉此獲得宇宙智慧能量的加持，逐步提升個人的意識層次。

所謂「宇宙神聖意識體」，包含一般人較熟悉的阿彌陀佛、觀世音菩薩或文殊菩薩、藥師如來……等等，祂們都是宇宙超凡的意識體。至於其他宗教也都有類似超凡神聖意識體的存在，如基督教的上帝、道教的玉皇大帝、伊斯蘭教的真神阿拉等，都是引領人類更加美好的智慧體。

不同宗教所對應的經典與咒語也具備同樣的功能，任何宗教都有如此奇妙的意識能量，也都是透由千古智者或聖者幫人類保存下來的珍寶。就佛教徒而言，若能經年累月念誦相關的佛經與咒語，便可逐漸獲得深度智慧，慢慢超越俗世框架，展開全新的洞察力。其他宗教亦是如此。

量子科學的看法又是如何？
如何看待誦經和宇宙意識體？

前面的文字描述都是由宗教、哲學的面向來談，然而科學的角度呢？過去宗教與古典科學似乎總是充滿衝突嗎？不！這個衝突已經被一個新興科學——量子力學（Quantum Mechanics）——打破了。

量子力學對於這個世紀人類物質發展的影響非常巨大，因為量子力學，人類懂得運用雷射光，進而發展出 CD、DVD 乃至於藍光光碟機。如果沒有量子力學，我們就不會有智慧型手機、衛星導航，或是利用核磁共振應用於醫療的檢測。它是二十一世紀非常前衛的科學概念，甚至發展到量子意識的研究。量子意識是量子物理學（光子）與意識研究（生命體的意識）的結合，肯定是目前已知科技發展中最前衛的科學領域。

量子意識的科學家發現這些新興科學領域與古代傳統智慧竟然遙相呼應，共同闡明真相永遠是真相，而且發現「真理實相」與「宇宙所有的生命體」是不可分割的。佛教經常提及的「眾生」一詞，就是涵蓋宇宙所有的生命體。**所謂的真相是，無論在什麼時候、什麼地點被提出來，都不會改變**，讓我們透由下一單元慢慢進入這個新興科學的神祕世界。

02 誦經與量子力學有什麼相關？

　　佛教是世界五大宗教之一，為釋迦牟尼佛所創，其核心的主張為：「生命是痛苦的，一切是無常的」。在學習過程中必須息滅人們的貪心、瞋恨與執著，因為這三者是痛苦的主要來源。如果能止息貪心、瞋恨與執著，進而獲得圓滿的智慧，最後可以達到究竟解脫的境態，也就是佛陀的狀態。

　　再提醒一次，佛陀的梵語「Buddha」，意思是證悟宇宙真理、解脫煩惱的「人物」或「狀態」，所以「佛陀」代表的未必是真實人物，可以是一種美好的能量狀態，甚至也可以代表宇宙智慧的匯聚處，也就是宇宙的神聖意識體。

歷史佛陀與宇宙佛陀

　　接下來讓我們繼續深談佛陀的概念，在人類歷史上有位真實的人間佛陀——釋迦牟尼佛，被視為人身佛，也就是以人類的軀體修到佛陀境

小要點

Buddha	**＝**	宇宙的神聖意識體
佛陀		

界的智者。而盛行於西藏地區的金剛乘（Vajrayana，大乘佛教的支派）也有一位導師，被稱為「第二位偉大的佛陀」，那就是西元八世紀的蓮華生大師。釋迦牟尼與蓮華生大師的背景非常接近，都是印度王子，也都捨棄這一生尊貴的王者身分。他們各自經歷特殊的禪定經驗，體悟到了終極的宇宙真理。這般真實存在人類歷史中的佛陀，我們稱為「歷史佛陀」（historical Buddha）。

　　還有另一種形式的佛陀，是宇宙智慧能量的匯聚處，擁有美好的狀態與場域，我們給了另一個稱謂：「宇宙佛陀」（transcendental Buddha），祂們是虛空中的神聖意識體。祂們存在何處？哪個方位？大乘佛教的宇宙觀認為，虛空中的東、南、西、北與中央，各有一位神聖智慧者在主宰著宇宙的循環。宇宙佛陀就是存在於虛空中的神聖意識體，不只一位，所以我們稱之為「諸佛」（Buddhanam），是 Buddha 的複數形式。祂們的智慧玄奧超凡，經常出現在我們所見到的佛經上。

　　我們最熟悉的，就屬阿彌陀佛（Amitabha）了。祂位處宇宙西方神聖場域，其智慧擅長於「觀察」，因而稱為「妙觀察智」（wonderful contemplating and investigating），<u>這個「妙」字的意思是超越人類語言文字所能描述的</u>。解釋到這裡，讀者應該明白我們熟悉的阿彌陀佛，其實是個宇宙神聖意識體，祂代表一種宇宙的智慧能量，充滿神妙觀察的能量，是宇宙佛陀。

 **小要點**

歷史佛陀	真實存在人類歷史中的佛陀， 如釋迦牟尼佛、蓮華生大師。
宇宙佛陀	虛空中的神聖意識體， 如阿彌陀佛。

誦經的目的是為了開發人類潛藏的智慧能量

依據典籍的描述，每個人最深層意識的連結狀態，都是充滿了光明的能量，是一種覺醒的能力，也就是大乘佛教所說的「佛性」（Buddha nature）。要獲取這種智慧能量的各種方法之一，就是學習佛教經典的種種紀錄，其中包括經（經文）、律（戒律）、論（論師闡釋經義）。閱讀經、律、論的文字，包含誦經這件事，就有機會啟動每個人與生具備的內在佛性。

當我們說「人人都具有佛性」，意思是說，每個人都具備證悟宇宙真理的「本性」。**人人都具備的這個智慧，是「最細微意識」，存在於一切意識的最深處。**而誦經是為了協助人們開發那潛藏在心靈深處的智慧能量，或是說喚醒而達到覺悟的狀態，我們稱為「覺醒」（enlightenment）。每個人都有佛性，都具備覺醒的能力，只是這個力量在被喚醒之前處於冬眠的狀態。誦經則是喚醒如此非凡的力量的方法之一。

科學的量子力學與佛教的宇宙智慧能量場

接著，我們開始來談量子力學（Quantum Mechanics），這是一門十分先進的能量科學，被視為這個世代最了不起的科學發展，徹底推翻了人類數百年來對於「物質結構」以及其交互作用的認知。量子力學發現，萬物的運作不再只是實體可見的物理機制，還隱藏著人類肉眼「不可見的神祕能量」，這個能量運作與電子有著密切的關係。

鑽研量子力學的科學家陸續發現，以往被認為深不可測、虛幻縹緲的古老宗教或玄祕世界，與最先進的能量科學有著深切的連結。佛教世界認為，宇宙有著類似阿彌陀佛的智慧場域。很驚奇的是，量子力學的學者也這麼認為，只是稱謂不同。

最經典的是德國物理學家普朗克（Max Planck, 1858~1947）的學說，他在 1918 年獲得諾貝爾獎，也是量子理論的創始者，更是影響這個世界最重要的科學家之一。他率先發現「量子」的存在，而後推展至「近代物理學」，使人們從此超越了「古典物理學」的種種局限。普朗克有句名言非常關鍵，我們必須深思他的這段話。他說：「萬物因為力（force）而得以興起與存在。我們必須假設在力的背後存在著有意識、有智慧的心智，這個心智就是萬物的母體（Matrix）」。

量子力學的母體，不就是佛教的無上正等正覺嗎？

以量子科學的角度而言，宇宙萬物的發展是來自於一股有意識、有智慧的心智。如果我們深入研究，會發現萬物的母體（Matrix）似乎就如同佛教世界裡的一種智慧，也就是最高層面的「無上正等正覺」，這也是藥師十二大願的主軸。「無上正等正覺」的梵語音譯是「阿耨多羅三藐三菩提」（annutara-samyaksambodhi），是一種無法超越的覺悟能量，通常英文是寫成 the utmost, right and perfect enlightenment。

學習佛教的人們，終其一生尊重信仰「阿耨多羅三藐三菩提」這個宇宙智慧能量的存在，而虔誠念誦佛經，等同於虔誠地信賴這個神聖的意識體。這也就接近量子力學中普朗克所說的有意識的智慧體 Matrix，而 Matrix 是宇宙萬物的源頭。

普朗克對量子力學的經典名句

Mind as Matrix

All matter originates and exists only by virtue of a force (link is external)
which brings the particle of an atom to vibration
and holds this most minute solar system of the atom together.

We must assume behind this force
the existence of a conscious and intelligent mind (link is external).

This mind is the matrix of all matter.

宇宙萬物的起源與存在都是來自於這個力量（其連結是對外的），
這個隱藏的能量構成一個原子內的粒子振動，
同時維持一個原子的作用，就如同極微之太陽系的運轉。

我們必須假設在這個力量後面，
存在一個有意識、有智慧的心智（其連結是對外的）。

這個心智是宇宙萬物的母體。

註：virtue of a force（link is external）的意思是，這個力量是 virtue 的，所謂 virtue
在物理學是指並非實體接觸形式的隱藏力量。

03 量子力學與佛教世界的菩薩

有意識且有智慧的宇宙心智不斷地產生振動

　　如前所述，在量子力學的學說中，宇宙所有物質的源起與存在，是來自一股能量。諾貝爾獎得主普朗克先生稱此能量為 Matrix，中文可以翻譯成「母體」。他還指出這股能量是有意識（conscious）、有智慧（intelligent）的心智，能夠讓萬物連結在一起，彼此相互影響並產生振動。物質之間隨著彼此連結在一起及相互的振動，陸續展現出各種形式的能量，進而產生了更龐大的宇宙萬物，這是量子力學中萬物運作的法則。

　　請注意，上述的文字陳述中的關鍵詞彙是「振動」（vibration）！振動可以產生頻率。

　　然而，我們可以比對科學與宗教的概念，發覺它們之間有緊密的關連性，並非完全對立衝突的。舉例來說，古印度的智者們發現了一個神奇的力量：慈悲（compassion），意思是誠心至意地對他人的苦感同身受。之後，在西元二世紀時，印度文明將這股美好的宇宙能量轉化成一個具有意識與智慧的心智菩薩，同時賦予了優美身形的具體形象。這個心智菩薩就是代表慈悲力量的觀自在菩薩，或稱「觀世音菩薩」。

　　觀世音菩薩不是真實存在於地球的人物，而是一種智慧狀態或稱「神聖意識體」。這股宇宙能量就是普朗克所說的萬物母體所延伸發展出來的心智能量之一。

佛教的無常與量子科學的測不準原理

不只是普朗克所言，讓我們來看看另一位同樣來自德國的科學家維爾納・海森堡（Werner Heisenberg, 1901~1976）的說法，這位天才型的知名物理學家發表的「測不準原理」（Uncertainty Principle）是每位工學院學生都念過的學理，而且在高中課堂就已經學到了。

♦ 維爾納・海森堡於 1927 年發表論文，給出這個原理的啟發式論述，因此這個原理又稱為「海森堡不確定性原理」。根據海森堡的表述，「測量」這一動作不可避免地攪擾了被測量粒子的運動狀態，因此產生不確定性。（備註：「測量」這個動作，或多或少就干涉了被測量的粒子。）

♦ 在量子力學裡，測不準原理（Uncertainty Principle，又譯不確定原理、不確定性原理）表明，粒子的位置（空間差異）與動量（能量差異，質量與速度的乘積）**不可同時被確定**。

♦ 「測不準」一詞可能改成「不確定」會更好。測量的行為會產生干涉，影響到實驗過程及結果，科學家對此給了一個專有名詞：「觀察者效應」。但測不準原理未必有觀察的動作，依舊產生不確定性，如空間位置的不確定、動量的不確定。所以，不要將「測不準」與「觀察者效應」混淆了。

海森堡所說：「原子或基本粒子本身不是真實的，它們構築一個有各種潛在性或可能性的世界，而不是充滿東西或事實的世界。」我們是否該想想，當原子與分子消失後，只剩下這些「潛在性或可能性」的創造者，**那麼誰是這個難以捉摸的無形創造者？普朗克很早就給了答案：是意識。**

自然科學總是自詡為最客觀、最不能容忍主觀意識的，但今日量子力學發展到這個地步，居然發現人類的主觀意識是客觀物質世界的基礎了。如果講得更直接，那便是：一旦人類進行「科學性的觀察」，就形成主觀性意識。到這一步，我們對量子力學的詭異，應該有所了解了，其

詭異的基礎實際上是：意識和物質世界不可分開，意識促成了物質世界從不確定到確定的轉移過程。這句話有點難懂，是不是呢？請讀者先記得，在量子科學的世界，物質原本是不確定性，無法測量的。因為人類的觀察，才形成了可以測量的物質，也就是說「意識創造了物質」。

菩薩的慈悲本質與量子能量的振動

讓我們再回到觀自在菩薩的「菩薩」一詞，那是「菩提薩埵」（bodhi-sattvaya）的簡稱。在佛教的認知裡，菩薩會守護眾生的情感、理想，**如果修行者能真誠地信賴祂，將可以開展出改變生命與世界的本質，**這像不像量子科學中「意識創造了物質」？

菩薩含帶的 bodhi 這個詞，音譯為「菩提」，梵語原始的意思是「覺知、覺醒」（enlightment）。而菩薩中的 sattvaya 這個詞，意思是「有情」，代表宇宙有覺知能力的生命體與意識體，而且都可以成為菩薩。有時，sattvaya 在佛教典籍中會翻譯成「有情眾生」。菩薩具備改變這個世界的能量，人人也都可以成為菩薩。

我們必須透由意識啟動「人人都可以成為菩薩」的這個可能性，關鍵就是為了達到菩薩境界而發願，也就是發菩提心。發願是一種期待，那是我們在「想要」的時候，就能擁有超越凡常的能量，而不是一直要等到「真正發生」才能體驗。發菩提心就是發覺醒的心。

菩提（bodhi）與薩埵（sattvaya）這兩個字都充滿能量，當它們合併時，成為「覺有情」，或是音譯為「菩提薩埵」。因為「覺有情」（協助有情眾生覺醒）這個概念，於是菩薩會開展祂的慈悲去幫助有情眾生，引領眾生去覺醒、一起去開悟。

眾生一起覺悟，宇宙萬物一起振動

無論是音譯的「菩提薩埵」或意譯的「覺有情」，都是代表追求智慧的過程中一種純淨美好的狀態。此時的智慧狀態，擁有「自利、利他」的偉大願望，而且持續地追求直至無上覺悟的境界，最後終將達到證悟的一種境態。這就如同量子力學中所描述，宇宙萬物因為母體（Matrix）而連結在一起，並且互相地振動，進而引動更龐大的能量源頭。

如果自身美好的能量持續不停地振動，這股善美的能量就會影響周遭的事物，進而周遭的事物再持續發展振動，或者我們詮釋為「繼續不斷地創造物質」。

我們的意思是說，善美的能量相互振動，就如同量子力學中，一開始的一個小小原子中的粒子（電子）之間的相互吸引、相互振動。在普朗克的學說中，這個小小原子的影響，會延伸到宇宙萬物互相地振動。這讓我們聯想到《華嚴經》中的「因陀羅網」（Indra Net），那是天神因陀羅創造的寶網，可以連結宇宙萬物。有關因陀羅網的神奇世界，請進入下個單元，你會發現西元四至五世紀的佛教經典《華嚴經》與二十一世紀近代的量子力學是如此相近。

小要點

菩薩	菩提薩埵（bodhi-sattvaya）的簡稱
	覺有情

bodhi 音譯為「菩提」，意思是「覺知、覺醒」。

sattvaya 音譯為「薩埵」，意思是「有情」，常被譯為「有情眾生」。

04 《華嚴經》與量子振動

**母體的概念源自於量子力學之父普朗克，
它與《華嚴經》的年代相距超過一千年以上！**

　　普朗克認為宇宙具備一個有意識、有智慧的母體（Matrix）的假設，其實在佛教經典中的「因陀羅網」，就已經有了類似宇宙意識體的描述。什麼是因陀羅網（Indra Net）？這一名詞出自於《華嚴經》，該經全名是《大方廣佛華嚴經》。

　　《華嚴經》最初在印度只是以分散的經典之形式存在，大約在西元三或四世紀時開始集結。直到西元四至五世紀前後的東晉時期，開始有了中譯版本，當時是由佛馱跋陀羅（Buddhabhadra）完成翻譯的工作。他是來自印度的佛教學者，當時名聲極為響亮。佛馱跋陀羅與著名的鳩摩羅什，是同一時期的印度譯經師，彼此雖然相識，但依據歷史記載，兩人的關係並不融洽。不過，這兩人倒是分別譯出經中之王《華嚴經》與空性經典《金剛經》，這兩本經典深刻影響了中國的佛教。

小要點

佛馱跋陀羅	翻譯經中之王《華嚴經》
鳩摩羅什	翻譯空性經典《金剛經》

兩人是同時期的印度譯經師

華嚴經的因陀羅網 Indranet，與現代的網際網路 Internet

　　在《華嚴經》中，描述一位名為因陀羅（Indra）的天神，祂掌管了一個神聖的能量領域，被描述為宇宙之網的起源處。我們以白話文轉述《華嚴經》的一段文字給大家參考：「在遙遠天界的因陀羅天宮之中，巧匠掛起了一張朝向四面八方無盡延展的寶網，即為因陀羅網。」經中繼續描述：「其網之線，珠玉交絡，以譬物之交絡涉入重重無盡者。」想一想佛經的宇宙之網是神聖智慧體傳遞的網路（Indranet），其運作模式與這個世紀的網際網路（Internet）似乎很相像。

　　如果改以量子科學的角度來看因陀羅網，珠玉宛若原子與粒子，「其網之線，珠玉交絡」則感覺就像是普朗克所說的原子（atom）與粒子（particle）的互動，「四面八方無盡延展的寶網」既然是無盡延展，所描述的空間就宛若無限寬廣的宇宙，佛經稱為「虛空」（gagana）。

讓我們再複習一次普郎克的 Matrix 原文

　　再想一想「物之交絡涉入重重無盡」這句話，像不像量子科學所說「宇宙的一切萬物都在相互振動」。這樣看來，《華嚴經》談的因陀羅網，可能是古代的量子科學囉？怕大家忘了，我們再次把普朗克的原文放置於下：

Mind as Matrix

All matter originates and exists only by virtue of a force (link is external)
which brings the particle of an atom to vibration
and holds this most minute solar system of the atom together.

We must assume behind this force

the existence of a conscious and intelligent mind (link is external).

This mind is the matrix of all matter.

因陀羅展開的無盡振動

再看一份華嚴宗日本僧人凝然（1240~1321）在《五教章通路記》的另一個記載，凝然的這份撰文雖然不如《華嚴經》為華人所熟悉，但這份資料也被收入《大藏經》之內。而且，凝然對因陀羅網的解釋更加細膩。

這位由日本宇多天皇欽命的國師在《五教章通路記》寫著：

忉利天王帝釋宮殿，張網覆上，懸網飾殿。彼網皆以寶珠作之，每目懸珠，光明赫赫，照燭明朗。珠玉無量，出算數表。網珠玲玲，各現珠影。一珠之中，現諸珠影。珠珠皆爾，互相影現。無所隱覆，了了分明。相貌朗然，此是一重。各各影現珠中，所現一切珠影，亦現諸珠影像形體，此是二重。各各影現，二重所現珠影之中，亦現一切。所懸珠影，乃至如是。天帝所感，宮殿網珠，如是交映，重重影現，隱映互彰，重重無盡。

文中主要人物「忉利天王帝釋」，就是因陀羅（Indra）。文字內容「一珠之中，現諸珠影。珠珠皆爾，互相影現。無所隱覆，了了分明。相貌朗然」，談的就是無限量的連結之寶珠，形成無限量的交映影響，進而構

作者的心得　量子科學「全像圖」（Holography）需要兩道光束的交叉，形成龐大訊息。之後，只要小小一區塊的影像（或資訊），即可顯現全部的一體影像（或資訊）。「二重所現珠影之中，亦現一切」，是不是很接近全像圖的兩束雷射光？

成整個虛空。此概念與量子科學完全相同，普郎克的說法是：無限量的原子與粒子，相互振動影響，構成整個宇宙。在量子力學的概念下，最原始的宇宙意識、萬物時時刻刻在振動，並與隨之產生的能量組織了宇宙空間，非常接近因陀羅網的描述。

更有趣的是，佛經裡的這位天神因陀羅擁有一種可以摧破萬物的能量，這能量即是佛教世界知名的 vajra，音譯為「跋折羅」，或意譯成「金剛」或「霹靂」。金剛即是鑽石，霹靂即是雷電。而 vajra 在英文的翻譯就是 diamond（金剛鑽）或是 thunder（雷電），並且在大乘佛教體系下的密教裡象徵慈悲的能量。

稍稍整理上述內容，梵語 vajra 譯成「霹靂」，就是雷電，這是佛教世界的用語。而量子科學中，普朗克認為是原子與粒子的互相振動，之後的物理學家更發現是原子之中因為電子的作用力而產生振動。佛經的雷電與量子力學的電子的描述方式如此相近，真讓人懷疑《華嚴經》是古代的量子科學書，而且許多學者已經提出這樣的論點。

 **小要點**

天神因陀羅的能量：vajra

音譯	跋折羅
意譯	「金剛」（鑽石）或「霹靂」（雷電）
英文翻譯	diamond（金剛鑽）或 thunder（雷電）

彼網皆以寶珠作之，每目懸珠，光明赫赫，照燭明朗。珠玉無量，出算數表

「鑽石」對應「寶珠」，「雷電」對應「光明赫赫」！鑽石是地球表面最堅硬的物質，雷電是天空最強大的能量，這裡呈現出物質與能量的神祕轉換。因陀羅網的網珠相映，就如同量子力學的萬物相互振動影響，因陀羅網的光影相映或是量子能量的相互振動，都是無窮無盡的，超越數字計算，所以沙門凝然說「珠玉無量，出算數表」。

我們也可以說，天神因陀羅的武器 vajra（閃電、雷電）就是宇宙的能量光芒，其頻率振動能穿透整個宇宙虛空。

母體、道、因陀羅網

在暢銷書《無量之網》（ *The Divine Matrix: Bridging Time, Space, Miracles, and Belief* ）一書裡，提到「未顯化」（unmanifested，詳細解釋請見下頁）的一種渾沌狀態，那是萬物的起源（source），也是所有存在的本體。作者桂格‧布萊登（Gregg Braden）是一位資深太空電腦系統設計師，他在該書將量子力學創始者普朗克所說的「母體」（Matrix）對應《老子》（又名《道德經》）的「道」。《老子》：「無名，天地始；有名，萬物母。」**無名的意思是沒有名稱，沒有概念的，是指天地形成前的狀態**。老子認為「道」是宇宙本體，乃萬物之根源。「道」生於天地萬物之先，獨立長存於萬物之外，不斷循環運行，遍及天地萬物，絕不止息。布萊登也延伸至《華嚴經》的因陀羅網，認為「無名」的力量是宇宙萬物的起源，也說明了宇宙有個無形無相的智慧能量。母體、道與因陀羅網的連結，雖說有點跳躍，但深思其內容，其實是有道理的。

就現代科學的進程來看，物質是由基本粒子構成的。量子力學談的是粒子與萬物的無限振動，《華嚴經》談的是因陀羅網與珠影無盡相映。如果能將自身美好的能量持續不停地振動，這股善美的能量會影響周遭事物，然後周遭事物再持續發展振動。就如同菩薩的原始意義「覺有情」，讓宇宙有覺知能力的生命體與意識體相互影響，相互覺悟。如此由自己的覺悟（自覺）發展成讓他人覺悟（覺他），這樣美好的相互影響就如同菩薩的本質，也是大乘佛教的精髓。

◆ 以下是 unmanifested 的解釋，提供給讀者參閱。因為不容易翻譯清楚，我們保留《學術詞典和百科全書》（*Academic Dictionaries and Encyclopedias*）的原文：

The unmanifested is the Absolute, the pure and formless ground of being from which creation and manifestation arise. As such, the unmanifested is free from change, the unmoved mover. It also, necessarily, cannot be explained or comprehended in terms of any manifest reality.

Some schools of belief hold that the manifest and unmanifested are part of the same reality (e.g. pantheism), others believe that the Absolute is the only reality with all manifestation being illusory (e.g. acosmism), a third belief posits that the one God interpenetrates every part of nature, and timelessly extends beyond as well (e.g. panentheism).

大概的意思是：未顯化（unmanifested）是絕對的，是純粹和無形的存在基礎，可以發展出創造（creation）。「未顯化」是處於沒有變化的，不動的境態。它不能用任何「顯化」（manifest）的真實（reality）來解釋或理解。

　　筆者認為，這是指我們無法用邏輯思考來說明「未顯化」，因為它屬於文字語言無法說清楚的狀態。這一點非常接近《心經》中的「智」（jnanam），那是帶有直覺意識的認知作用（cognition）。

　　接著，文章又說有些信仰流派認為顯化和未顯化是同屬一個真實（reality）的一部分，這段詮釋就頗接近佛教的「色空無二」。另一個說法則是認為所有的顯化都是虛幻（illusory），像是宇宙主義（acosmism）的說法。還有第三種：此說法相信獨一的宇宙力量（文中用 God 一詞）貫穿每一個自然的一部分，並且永恆地延伸到其之外，例如泛神論（panentheism）的解釋。

05 梵字裡一字一句隱含的意思與能量

意識與音韻都是振動，都會引動能量

依據量子力學，意識會產生能量，透由振動頻率可以計算出其能量的大小。而發出音韻也是振動，意識與振動兩者都會引動宇宙的能量。誦經也是如此，誦經同時包含了意識與音韻兩種形式的振動。如果能認真持誦，所帶來的能量將再度加強我們意識的專注能力，形成更善美的能量循環。平日誦經且認真修持的人應該會很同意這個說法。

佛教典籍隱含許多深層的意義，值得我們用心去領略與感受，包括本書隨後的主題《藥師經》，這是一部結合醫學與心靈的佛教經典。所有修行過程中的念經、祈禱佛和菩薩保佑或是持咒，其過程都是用來轉換宇宙智慧能量，只是方式不同。我們應該超越過往的修習，除了延續傳統念誦經文的儀式，更重要的是「踏實」地了解佛、菩薩名號的真正意涵，一字一句，認真感受及體驗梵字裡隱含的意思與能量。

 小要點

文殊菩薩 ═ manjushri ═ 妙吉祥

Manju 音譯為文殊或曼殊，意思是「美妙、雅致、可愛」
＋
shri 音譯為師利或室利，意思是「吉祥、善美、莊嚴」

梵音名號也是一種振動，必須了解其能量的類別

文殊菩薩的梵語是非常值得學習的範例。其名號的梵音是 manjushri，可拆解為兩個字根。其中，manju 傳統音譯為文殊或曼殊，意思是「美妙、雅致、可愛」。再看 shri 一字，傳統音譯為師利或室利，意指「吉祥、善美、莊嚴」。manjushri 其實就是 manju 與 shri 兩股善美能量的密碼，只要正確呼喚了這組密碼，就可以連結這善美的宇宙能量，將「美妙、雅致、可愛」與「吉祥、善美、莊嚴」的宇宙動能下載到我們生存的空間，讓世界充滿美妙、雅致、吉祥與善美的境態。

我們何其幸運知道了這組密碼，這可真要感謝古代智者留下的紀錄。佛教世界常言「人身難得，佛法難聞」，意思是說在輪迴過程中，能在娑婆世界以人身轉世是很難得的。至於，佛經難聞，這可不是說佛經難以閱讀，而是說人們很難得有機緣可以接觸佛經，難得能聽聞到佛法。那為何能有此幸運呢？其關鍵是因緣！

人身難得！更可貴的是我們有機緣接觸到神聖經典

既然知道了密碼，就要珍惜，要把握此「因緣」，而且要知道如何使用這組密碼。由於 manjushri 的梵音是善美吉祥的能量振動，所以又有「妙吉祥」的翻譯，呼喚文殊菩薩就等於呼喚宇宙吉祥的善美能量，連結此善美的因緣。

在這個地球上，人類是唯一有能力從周遭世界及生活經驗感受到美的生物，而且可以透由文字來表達，這是很難得的機會，我們該把握機會透過佛經的文字去感受文殊菩薩的智慧與美善的能量。

請正視梵字 manjushri 裡隱含的意思與能量，體認該字可以轉化內心對外在世界的感受力。當然，每個梵字的神聖能量都是值得學習的。

意識創造宇宙，惠勒認為人類在實驗室的觀看就參與了宇宙的改變

接著，讓我們繼續來看看量子力學如何談意識。備受崇敬的科學家約翰‧惠勒（John Wheeler）是普林斯頓大學物理學家，與愛因斯坦成長於同一個年代，彼此經常討論各自在科學上的研究，是學術上的摯友。赫赫有名的「黑洞」（black hole）一詞，即是惠勒首創的。

「黑洞」一詞是 1969 年在紐約的一場學術會議誕生的。當時，惠勒描述恆星（star）死亡毀敗的生動用語是「暗黑的無底深洞」，所以稱為「黑洞」！惠勒對連結萬物的宇宙能量場所做的物理詮釋，可能是目前量子科學中最完整的。在他的研究中，曾經說過一句名言：「負責創造宇宙的是意識，當我們為了尋找宇宙的極限而觀察宇宙或凝視著原子的量子世界時，觀察的這個舉動本身，就創造了供我們觀看的事物。意識期待看見某物的心態，也就是有某種東西可看的感覺，就是在創造。」

惠勒的這段文字總共有兩個重點。第一，負責創造宇宙的是意識。第二，觀察的這個舉動本身，就創造了被觀看的事物。這是量子力學重要的論述之一。當年，惠勒這個想法曾讓愛因斯坦很沮喪，他甚至有一次問惠勒，如果人們都不去看月亮的話，那月亮還會不會在天上？意思是說，如果世界上從來沒有人類去觀察過月亮，那月亮現在還會存在嗎？

波與粒子，雷電與鑽石！神奇美好的對應與比照

其實兩位科學大師的對話，似乎能在佛經裡能找到類似的經文。量子物理學認為，基本粒子往每個方向延伸，形成肉眼看不見的「波」，直到有觀察者看見它們為止，而只有在這時候「粒子」才會存在於我們所處的時間和空間裡。所謂的「這時候」，就是觀察者觀看的那一刻。所以，

愛因斯坦的困惑是，如果從來沒有任何一個人去觀察月亮，月亮難道就不存在嗎？

這裡，「觀察」是關鍵，沒被觀察的光子，是以能量形式的波存在，被觀察之後的光子，就以粒子形式存在。這是量子實驗早已證明的「波粒二元論」，在實驗室呈現過無數次的成功轉換。實驗室中，發現光子會以波（能量）與粒子（實體物質）的兩種形式存在，但到底會是以哪一種呈現呢？關鍵是「有無」觀察者的存在。沒有觀察者，光就以能量形式存在，如果去觀察光子，它就會以實體物質的粒子形式顯現。（相關實驗介紹請參見延伸學習的單元 02。）

《楞嚴經》清楚說明了「意識」和「觀察」的關係

因此，人類意識的念頭就是觀察，客觀世界是一系列複雜念頭造成的。說得更深一步，《楞嚴經》講「性覺必明，妄為明覺，本覺明妙，覺明為咎」是什麼意思呢？意思是在描述整個物質世界的產生。這是說，實際上在意識形成之初，宇宙本體本來是清淨本然的，一旦動了念頭想去看它了，這念頭就是一種觀察，一下子就使這個「清淨本然」變成一種確定存在的狀態，這樣就生成為物質世界了。《楞嚴經》是最早、最清楚地把意識和觀察的關係說出來的佛經。

小要點

沒被觀察的光子		以能量形式的波存在
被觀察之後的光子		以粒子形式存在

提到波粒二元論，讓我們再次想到因陀羅天神的武器 vajra（金剛）。它擁有雷電與鑽石兩種形式，前者的雷電是能量形式，後者的鑽石是可以握執的實體形式，其實非常近似波粒二元論。

無論是量子力學或是佛教的世界，都認為創造實相是「一種自然而不費力」的過程，卻神奇得令人難以相信。狄帕克‧喬布拉（Deepak Chopra）醫師是當代最具原創力的思想家，與哈佛大學的大腦神經醫學家魯道夫‧譚茲（Rudolph E. Tanzi）博士對「實相的創造」有著深入研究，在他們共同的著作中寫著一段話：「當你在心眼中的某處看見了一朵玫瑰，宇宙也在同一處創造了一顆星星。」這句話的表達如同量子力學一樣，宇宙萬物是由意識造成的。於是，當人類的意識創造一朵玫瑰，這朵玫瑰必然生長在宇宙的某顆星球上，那麼人類的意識也同時創造了那顆星球。雖然在愛因斯坦的晚年，宇宙的奇特讓他深感不安，但科學數學式堅實的推演讓愛因斯坦找不到問題。當時他無法明確反駁這些理論。理論歸理論，要有實驗證明，理論才能成為真實。

科學家惠勒是不是發現了業力反轉器呢？

所幸這二十年來量子實驗室的許多精采實驗，一一證實了這些學說，也讓更多量子科學家陸續得到諾貝爾獎，像是約翰‧惠勒的學生理查‧費曼（Richard Phillips Feynman, 1918~1988）就是其一。費曼先生是美國家喻戶曉的人物，更是二十世紀最傑出，也最具影響力的科學家之一。費曼就在其諾貝爾獎演講中，招認他「偷」過惠勒的點子。當他還是研究生時，接過惠勒興奮打來的電話，告訴他，正子（電子的反粒子）只不過是電子逆著時間而行罷了，這個瘋狂的點子後來讓他在研究量子電動力學時簡化了計算法則，發展出著名的「費曼圖」。

「電子逆著時間運行」不就是業力的反轉嗎？惠勒是不是發現了業

力反轉器呢？答案是：是的！惠勒提出一個「延遲選擇實驗」（delayed choice experiment），是證明波粒二元論量子雙縫實驗的一個擴展設計。它給出了一個特殊的結論：**我們「現在的行為」會對「過去」產生了影響。**這個實驗可以在網路上輕易找到實驗說明，有興趣的讀者，特別是理工科的朋友可以去瞧瞧。該理論是惠勒於 1979 年提出的，而後在實驗室證實了這個理論。「延遲選擇實驗」可以說是科學與宗教相遇的奇妙實驗，也就是現在的行為可以改變過往的業力，多麼奇妙呀！（相關實驗介紹請參見延伸學習的單元 02。）

個人善美的意識，可以連結宇宙神聖意識體

就念誦經文而言，我們的大腦依據目前所在的時間與空間，負責處理此時此刻遭遇的特定文字。但是，在這個時空之外，又有更高層次的意識，超越了人類目前所能了解的範圍，佛經認為那是佛、菩薩的智慧能量，在量子科學稱之為宇宙的智慧母體（Matrix）。

要如何接觸宇宙的智慧能量呢？其實不難，我們在念誦經文時，是有機會與祂們連結的，只要運用觀想即可：**將佛、菩薩的身形，在腦海裡轉換成具體的相狀**。重要佛教典籍《佛說觀無量壽經》的「觀」一字就是觀想，該經詳細描述了觀想方法。

提及觀想，讓我們來認識佛教擅長禪定的「瑜伽師」，他們可以說是一群控制心念的心靈高手，也擅長運用心念與神聖咒語的能力來連結宇宙能量場。瑜伽師的「瑜伽」一詞，梵語 yoga 意譯為「相應」，即是在禪定修行中，達到「心」與「境」相應的境態。根據印度兩大史詩之一的《薄伽梵歌》（*Bhagavad Gita*），瑜伽是一種個人靈魂與宇宙靈魂合一（梵我）的修行方法。為了連結更高層次的意識，瑜伽師懂得運用「觀想」的技巧，將佛、菩薩的身形在腦海裡轉換成具體的相狀。

瑜伽師在腦海意識中的影像想像，就很接近量子科學家惠勒所說的「意識期待看見某物的心態，也就是有某種東西可看的感覺，就是在創造」。瑜伽師禪定過程中，會在心靈創造一個神聖空間（壇城），也邀約宇宙神聖意識體（佛、菩薩）的降臨，在這空間接受佛、菩薩的智慧指導（觀想）。

　　越來越多科學家相信，心識的運作確實會影響物質世界，如果內心充滿善與美，將會形成一股轉化物質世界的神奇力量。這股內在心靈與宇宙共通的善和美，有時甚至超越我們所能描述，是無法言喻的圓滿吉祥成就境界，就如同文殊菩薩 manjushri 的意思：「妙吉祥」。

別輕忽那些短短的咒語（真言）！
它們可以幫我們創造美好的宇宙

　　下次你呼喚文殊菩薩時，請至誠地想祂原始名號的梵語意義，由「美妙、雅致、可愛」的 manju，直到「吉祥、善美、莊嚴」的 shri。我們的心念往哪個方向走，事情的發展就可能偏向那個方向。因此，當我們想要好事發生時，就應該盡量往好處想，若一味擔心或想像不好的狀況，那麼我們的意識也或多或少決定了事情的發展。更不可思議的是惠勒提出的「延遲選擇實驗」，實驗結果得到一個特殊的結論：「現在的行為」會對「過去」產生了影響。所以心念是可以改變過往的業力的。

　　心想事成！惠勒上述的量子理論，強化了意識的概念，他還認為，即使是在實驗室的「觀察」，也是觀察者「意識」的一部分，也可以「創造」出宇宙的一部分。所以，**我們全都參與了這個宇宙的形成，而我們也是這個宇宙的一部分**，這是惠勒想要表達的。所以，別輕忽意識與那些短短的咒語（真言），它們可以幫我們創造美好的宇宙。

06 啟動宇宙智慧能量的簡易方法：寺廟善書

　　在傳統寺廟裡，有許多信眾助印的善書，包括許多佛教重要的神聖經典。經常可見的有談論般若智慧經典的《心經》與《金剛經》，或是指導眾生如何呼喚佛、菩薩智慧能量的《阿彌陀經》、《大悲咒》、《普門品》與本書說明的《藥師琉璃光如來本願功德經》（簡稱《藥師經》）。

　　這些善書多半集中在寺院的一個區塊，讓前來參拜的信眾自由取用。在重大法會時特別需要，因為免費的善書可提供臨時忘了攜帶經文的信眾使用。除此之外，免費的善書也是平常供應給一般信眾的結緣品。常見形式是燙金經名，加以紅、深藍、深綠等三種硬版封面，有的版本也貼心附上國語注音。隨著時代的進步，這些經文的印製有相當的改善，精緻的印刷與素樸的設計，能清淨信眾的心靈，也讓人喜愛。

　　開啟這些經文，通常會先看到〈爐香讚〉，這是一連串的上香讚美文字。「讚」一字的梵語是 stotra，以偈頌方式而讚歎佛陀的智慧能量。傳統上，以梵語發音謂之「梵讚」，而漢語音調謂之「漢讚」。這個〈爐香讚〉是上香時透由爐香飄向天界虛空，虔誠送出每一個念誦者的祈願。此時，**香就好比願望的「盛載器」，運送每個人的祈願到宇宙虛空**。很奇妙的是，做為燃香所產生的能量也被人類擬像化成一位菩薩！祂是〈爐香讚〉的主角「香雲蓋菩薩摩訶薩」，其名號的意思是「香氣凝聚成雲蓋的相狀」，有關〈爐香讚〉詳細的操作內容請看第二部分單元 01。

用五個真言下載五種宇宙能量

在善書形式的經書中，接著是虔誠地皈依釋迦牟尼佛，三稱「南無本師釋迦牟尼佛」。梵語「南無」（namo 或 nama）的意思是將自己的身、心、靈皈依給諸佛或菩薩，信任祂、相信祂，可以說是祈請祂的智慧能量引導我們去獲取宇宙的真理。

虔誠呼喚本師釋迦牟尼佛之後，你在這些傳統善書經文中會看到五種真言，它們是由一些我們看不懂的文字所組成，常讓人感到困惑，例如：「南無三滿多　母馱喃　唵　度嚕度嚕　地尾娑婆訶」（註：安土地真言，意義詳見後文），在心中難免產生疑惑，那些到底是什麼字呀？

初聞佛法者看到這類文字會感到迷惑，最多只能透由標示的注音去發出聲韻。**因為完全看不懂其意思，容易變成「有口無心」的喃喃地念誦。**這是很可惜的，因為如果無法專注念誦，會減弱了念誦經文的強度與效果，如此佛、菩薩的能量就無法順利地降臨到我們身上。

善書一開始的五個真言分別是〈淨口業真言〉、〈淨意業真言〉、〈淨身業真言〉、〈安土地真言〉與〈普供養真言〉，是呼喚宇宙中的五種能量。它們很難嗎？一點也不！看完本書後，你可以在一天之內瞬間記住！

純淨個人的身心靈、創造神聖空間、感激宇宙天地

這五個真言等同於協助下載五種宇宙能量，可以在你念誦經文時協助擷取宇宙的智慧力、幸福力、清淨力、自在力與療癒力。真言其實非常重要，它在印度稱為 mantra，而在中文除了「真言」之外，亦可以翻譯成「咒語」。

所謂的「真言」意即「真實的語言」，是反應宇宙真實相狀的語言，

這個中文詞翻譯得真好。在佛教的世界，這些真實語言可以協助人類與宇宙的真理實相接軌。我們常聽到的「阿彌陀佛」（amitabha）就是非常重要的一個真言咒語，其意思是「無限量的宇宙光能」，念誦此咒可以讓宇宙光能環繞並保護持咒者。

在傳統善書的經文中，通常會有五個真言。先是三個純淨身語意的真言：〈淨口業真言〉、〈淨意業真言〉與〈淨身業真言〉，可以純淨我們語言上、意念上與身體的業（karma）。接著是用來「結界」的真言，結界就是淨化空間，創造一個念誦經文的神聖空間，稱為〈安土地真言〉，這是第四個真言。這幾個真言在第二部分會仔細地逐一分析，在此請先有個基本概念即可。

最後第五個真言是懷抱著對天地自然的感激與尊敬！讚歎宇宙虛空的生成，讚歎宇宙本質如同金剛鑽（vajra）般的堅毅與崇高，這是供應養分能量的〈普供養真言〉。此處的 vajra 就是前面單元所提到因陀羅天神的祕密武器「金剛鑽」，是地球最堅固的物質，同時也是天空最強大的能量「閃電霹靂」。

一定要記住，念誦時要有口有心！

只有佛教有真言咒語嗎？不！在宗教的領域上，各個宗教都有咒語，都是運用「聲音、音節或文字」的神聖語文，它們都具備神祕意義。傳統上來說，真言咒語是神祕學中具有能量的特殊語言，一般認為魔法師、巫師、僧侶或宗教狂熱者，大都有能力運用咒語而得到超自然的特殊能量。在古代，智者們也透過咒語用以進行個人修行，或呼喚宇宙神聖意識體的力量來協助人類。因此，對於經文初始結構上的五個真言，我們必須「有口有心」的念誦，才更能啟動宇宙的神聖力量。接下來，我們更會仔細地說明這些真言。

07 進入神聖空間的第一步，要先結界

創造純淨的神聖空間

「結界」的目的是創造一個神聖空間，在此環境空間內可以安心平穩地修習佛法，也就是淨化修行者所處的環境空間，使其能擁有優質的心靈空間而得以安穩平靜地追尋宇宙智慧。

「結界」一詞來自梵文 samgharama，包含兩個主要的詞彙。其中僧伽（samgha）意指「僧團」，而阿藍摩（arama）意思是「園林」。所以，samgharama 代表「僧眾的園林」，也就是僧侶活動的空間。「結界」原始的意義是：創造一個美麗的園林，讓僧團在此求取智慧。然而，隨著時空的變動，結界不再侷限於園林。只要是寧靜純淨的空間即可，也不再侷限於僧團。個人在家裡念誦經文的地方，都可以結界。

這個潔淨空間是學習智慧的區域境界，也可以當成「戒壇」，在此處進行佛教的法會儀式。而透由結界來「限定區域」，此空間稱為「結界地」。

小要點

結界 ＝ 梵語 samgharama

＝ **samgha**（僧團） ＋ **arama**（園林）

＝ 僧眾的園林

可以結界的安土地真言

那麼，要如何結界呢？最純淨簡雅的方式就是念誦〈安土地真言〉，顧名思義，此真言是用來安定這塊土地的。在傳統善書的文字寫的是「南無三滿多　母馱喃　唵　度嚕度嚕　地尾娑婆訶」。說實在話，這些字詞奇怪而罕見，現代人根本無法看懂。

看不懂就比較難以發心，唯有懂了真言咒語的原意，這樣宇宙的神聖意識體才能接收到來自你內心的呼喚。讓我們將這些奇特的音譯還原回梵語羅馬拼音，同時認識最關鍵的四個梵字的原始意義，以提升獲取神聖智慧的效率。接下來，我們就以〈安土地真言〉來體會「懂得真言咒語的意思」與「不解其意喃喃念誦」的差異。

〈安土地真言〉

南無三滿多　　母馱喃　　唵　　度嚕度嚕　　地尾　　娑婆訶

nama　　samanta　　buddhanam
（南無三滿多　　母馱喃）
om　　dhuru　　dhuru　　prthiviye svaha
（唵　　度嚕度嚕　　地尾　　娑婆訶）

呼喚宇宙的一群神聖意識體

「三滿多」的原始梵語是 samanta，意思是「一切、普遍」，等同於英文中的 universal 或是 all。接著，「母馱喃」是 buddhanam 的音譯，意思是「諸佛」。buddhanam 與 buddha（佛陀）一詞同源，不同的是 buddhanam 是複數型態。buddhanam 除了代表證悟宇宙真理，解脫一切煩惱的狀態，還可以是一群在虛空中綻放能量的神聖意識體，buddhanam 意思就是「佛

陀們」或是「諸佛」。nama samanta buddhanam 就是在說：皈依宇宙一切諸佛，誠心禮敬、崇敬宇宙所有的諸佛。

解放意識體的靈魂深處

「度嚕」的梵語是 dhuru，原始意思是「解脫、自由」，讓生命體能夠脫離在世間之中的生死輪迴，及其伴隨而來的各種苦。此一聲韻可以解脫精神上的束縛，讓修習者的心靈回歸到安然自由的狀態，也就是解脫、自由。最後的「地尾」，梵語是 prthiviye，代表土地之神、大地之神。在印度，**她原本是一位美麗的女神，充滿豐沛的資源能夠養育這塊大地**。整個〈安土地真言〉就是祈請宇宙虛空一切諸佛解放這塊大地所有的意識體，透由這個真言創造一個沒有痛苦且純淨的學習空間！

所以在法會時，寺院的僧侶引領信眾共同誦念〈安土地真言〉，以創造一個美好的迦藍，而迦藍是指僧眾共住的園林。〈安土地真言〉等同於在寺廟空間完成正面能量的結界。當然，這也適合個人居家空間的結界，呼喚宇宙的神聖意識體，凝聚祂們的智慧能量，守護自己在家做功課時可以安穩進行。

小要點

中文		梵語		意思
三滿多	＝	samanta	＝	一切、普遍
母馱喃	＝	buddhanam	＝	諸佛
度嚕	＝	dhuru	＝	解脫、自由
地尾	＝	prthiviye	＝	大地之神

08 認真呼喚每一位佛、菩薩的名號

天地間的真實語言

在進入誦經之前,先要透由〈淨口業真言〉、〈淨意業真言〉、〈淨身業真言〉這三個真言來完成個人身體、語言與意念的淨化,而後再以〈安土地真言〉創造在地球上的一個私人神聖空間,這就是修行者在娑婆世界進行的一連串淨化儀式。接著,還要再透由〈普供養真言〉誠敬供養宇宙虛空,讓念誦經文的過程中擁有最美好的祝福與庇護,讓念誦者、地球、虛空宇宙全都受到了宇宙能量的加持與保護。

接下來會念誦諸佛的名號,不同經典有不同的祈請對象。這個過程是在呼喚神聖意識體的智慧能量,以佛、菩薩的「名號」做為連結宇宙能量的密碼。如前所述,諸佛、菩薩的名號就是一個咒語,也是一個真言(mantra),即宇宙天地的真實語言。

佛、菩薩的名號究竟有多麼奇妙呢?數千年前,許多印度古代的智者在禪定中陸續發現宇宙的種種力量,也知道連結的神祕方式,關鍵就是解開祂們個別特有的密碼,也就是佛、菩薩的梵音名號。請將佛、菩薩的名號放在心中,

這在連結宇宙神聖意識體的過程中,包括「禪定」與「持咒」,都是很重要的。這些抽象的宇宙智慧能量是神聖的意識體,在佛教的發展過程中,大約於西元二世紀左右開始一一被擬像化,賦予真實可見的形象,其過程也就是由「抽象的意涵」走進「實體的造像」,最後形成我們現在在寺廟看到的佛像。

智慧能量轉變成具備形象的八大菩薩

概念上，佛、菩薩的造像是由抽象（abstractive form）走入具象（concrete form）的變化過程，不同地區、不同年代有各自的發展。這些神聖圖像是用來「觀想」的，但重點在於每一個佛、菩薩的名號的意思，因為它們是宇宙智慧的通關密碼。所有菩薩中，以八大菩薩最著名，這本書中，我們將體會其名號的精髓，同時超越傳統的解釋方法，改以宇宙能量「擬像化」成佛、菩薩的概念，來重新詮釋佛像，而擬像化的目的是為了更有效率地獲取與宇宙的智慧。

每位菩薩都是一股宇宙的智慧能量源頭，但擁有不同的特質。其中最高境域的智慧能量就是「阿耨多羅三藐三菩提」（anuttara samyaksambodhi）。**若要解開每一尊佛、菩薩的梵音名號的祕密，就必須由梵字原意下手！**在先前的單元，我們已經解開了「文殊菩薩」的真實意義，其核心意思是「美妙、吉祥」，這就是一個非常好的範例。

在念誦《藥師琉璃光如來本願功德經》之前，要至誠念誦與該經相互呼應的菩薩，一共有八位。這個過程就等同於一口氣呼喚了八種宇宙能量，只要虔誠呼喚祂們的名號，就可以一一下載其智慧能量。接著，再連結這些不同形式的神聖能量，於念誦經文的空間裡共同形成一個純淨的能量場，如此便可以守護著念誦經文的修行者。這時，宇宙的能量與誦經者的能量相互振動，已經沒有大小之分了，完完全全融合在一起。

佛教歷史的發展，大約始於西元一、二世紀，直到西元四、五世紀左右，**長達四、五百年間，人們陸續將這些宇宙的智慧能量予以「擬像化」**。整個大乘佛教的諸佛、菩薩幾乎都被具象化為美好身形的相狀，這些宇宙智能由無形無相走入有形有相。佛教於此時正式展開「像法轉時」的新紀元，該詞的意思是「透由佛像來傳遞佛法、轉動佛法」的時代，《藥師經》中前後四次提及這個傳法的概念。

最基礎的三種力量：慈悲、智慧與力量

　　所有菩薩代表的宇宙能量中，最重要的是慈悲（compassion）與智慧（wisdom），這兩股能量分別被擬像化為「大悲」的觀音菩薩與「大智」的文殊菩薩。佛教的世界終極目標是追求宇宙的智慧，達到圓滿的覺醒。不過，**在大乘佛教來說，慈悲是獲得智慧的「加速器」**，於是慈悲能量變得格外重要，而且慈悲可以連結宇宙萬物。擁有慈悲卻沒有智慧，或是擁有智慧卻沒有慈悲，都是不圓滿的覺悟狀態，慈悲與智慧的融合（union）才是完美的境態，此稱「悲智合一」。

　　第三股重要的宇宙能量則是不同形式的偉大力量（power），通常是來自「偉大願行」的普賢菩薩（Samantabhadra），或是「充滿猛烈力量」的大勢至菩薩（Mahasthamaprapta），其中的大勢至菩薩在不同傳承中偶爾會以金剛手菩薩（Vajrapani）取代，祂們兩位的智慧源頭其實是相同的。偉大願行的意思是實踐偉大的發願，普賢菩薩擁有「實踐」的能量，而充滿猛烈力量的大勢至菩薩，意味著祂具備「源源不絕」的能量，氣勢磅礡如龐大態勢的降臨。金剛手菩薩手持強大的雷電與鑽石，象徵手中握持「強大威猛」如雷電般的能量。普賢、大勢至與金剛手，都是偉大力量的代表，提供慈悲與智慧源源不斷的儲備能源，就像是宇宙虛空的永備電池。

　　所以不同組合形式的八人菩薩中，可以見到智慧代表（wisdom）——文殊菩薩，慈悲（compassion）代表 —— 觀世音菩薩，與力量代表（power）—— 普賢菩薩、大勢至菩薩（或是金剛手菩薩），祂們全都是宇宙空間的威猛力量。讀者或許會感到好奇，為何本書不厭其煩地將這些菩薩的梵音詳細註示？因為佛、菩薩的名號，就是獲取宇宙能量的通關密語，在記住之後，將會在修習過程中有明顯的助益。在往後的章節，我們也會更深入地說明重要菩薩名號的真實意義。

八大菩薩的類型

　　念誦不同的經典時，必須依據經典內容的需要來啟動不同形式的宇宙能量，通常是八種能量。此八種無形無相的宇宙能量已經轉換成具備人類身形的菩薩，通常稱為八大菩薩。

《藥師經》

1. 文殊師利菩薩（智慧）
2. 觀世音菩薩（慈悲）
3. 得大勢至菩薩（被視為金剛手菩薩的轉變身形）
4. 無盡意菩薩
5. 寶檀華菩薩
6. 藥王菩薩
7. 藥上菩薩
8. 彌勒菩薩（未來佛）

《般若理趣經》（此經無列出未來佛）

1. 金剛手菩薩摩訶薩（力量）
2. 觀自在菩薩摩訶薩（慈悲）
3. 虛空藏菩薩摩訶薩
4. 金剛拳菩薩摩訶薩
5. 文殊師利菩薩摩訶薩（智慧）
6. 發心轉法輪菩薩摩訶薩
7. 虛空庫菩薩摩訶薩
8. 摧一切魔菩薩摩訶薩

《八大菩薩曼荼羅經》

1. 觀自在菩薩（慈悲）
2. 慈氏菩薩（未來佛）
3. 虛空藏菩薩
4. 普賢菩薩
5. 金剛手菩薩（力量）
6. 曼殊室利菩薩（智慧）
7. 除蓋障菩薩
8. 地藏菩薩

《八大菩薩經》

1. 妙吉祥菩薩摩訶薩（智慧，妙吉祥菩薩即是文殊菩薩）
2. 聖觀自在菩薩摩訶薩（慈悲）
3. 慈氏菩薩摩訶薩（未來佛）
4. 虛空藏菩薩摩訶薩
5. 普賢菩薩摩訶薩
6. 金剛手菩薩摩訶薩（力量）
7. 除蓋障菩薩摩訶薩
8. 地藏菩薩摩訶薩

未來的超級能量將會降臨地球

還有一位菩薩也是在經文上經常可見的宇宙能量，祂是彌勒菩薩（Maitreya）。佛經上描述祂是釋迦牟尼佛的繼任者，將在未來於我們的娑婆世界降生成佛，正式成為地球的下一位佛陀，我們稱為「未來佛」（future Buddha）。不同組合形式的八大菩薩中，幾乎都會有彌勒菩薩，僅《般若理趣經》缺彌勒菩薩。**《般若理趣經》是神聖智慧體大日如來與金剛手的對談，其內容是實相般若和密教無上祕密。**

「彌勒」一詞的梵語原意是慈愛（love、kindness），所以祂原本是宇宙源場（source field）中的一股慈愛的能量，這股力量於未來將會轉換成人類的身形誕生於地球。這部分呈現出能量的變化，也就是由無形的宇宙能量轉變成實體可見的人類身形。

形成實體可見的神聖意識體，其過程在先進的量子科學是可以解釋的。量子力學認為，宇宙本身也很可能是個有超級意識的存在，量子力學之父馬克斯·普朗克稱之為「母體」（Matrix）。這個科學新知識鼓勵我們，認清我們是誰以及透由何種方式的理解來產生「量子躍進」（quantum leap），也指導人類如何擁有到達那裡所需要的銀河能量。

 小要點

彌勒菩薩 ═ 釋迦牟尼佛的繼任者 ═ 未來佛

彌勒 ═ 慈愛（love、kindness）

量子躍進可以跳躍到任何宇宙空間

簡單來說，「量子躍進」的意思是：基本粒子由一個能階跳躍到另一個能階，因而穿透無法滲透的障礙物，像是電子可以在實驗室完成這個穿透任務。

彌勒菩薩是一股能量，在卓越智慧的啟動下，跳躍到我們的娑婆世界。原本無形無相，而後改以人類的身形引領眾生追尋智慧，彌勒菩薩的出現宛如量子躍進，由一個能階跳躍到另一個能階，闖入娑婆世界來解救眾生。

世界上的每個主要文化，包括佛教傳承數千年的彌勒預言，都是為了幫助我們了解真實的情況，重新建立我們完成這項工作所需要的科學，因此佛教與量子科學是不背駁的。

讓我們回到最真實而可以感受的感官意識。彌勒菩薩真的可能在地球轉化成實體可見的人物嗎？在稍微理解量子躍進之後，下一個單元看看量子力學怎麼說。

09 量子力學的角度看彌勒菩薩：
隱藏的能量轉變成顯現的物質形式

　　普林斯頓大學物理學家大衛‧波姆（David Bohm, 1917~1992）是愛因斯坦的同事，畢生從事物理研究，並為世人留下了一個開創性理論。同時他也是達賴喇嘛的量子物理老師，在他的指導之下，達賴喇嘛深刻體悟到科學與佛學是不衝突的。波姆提出一個概念，即宇宙存在一個更龐大且人類肉眼根本看不見的世界，那個世界是由能量組成，也就是類似細胞、原子、分子、質子及中子等更細微的物質，它們都是某種形式的能量，波姆稱之為「內在隱含的秩序」（implicate order）。而且在量子力學的前提下，所有事物在具有物質形式之前，都是從一個意識開始。或許就如同彌勒菩薩，原本是宇宙源場一股慈愛的能量，只是尚未具備實體形式，而佛陀已經預言祂將以人類身軀顯現於地球。

　　量子科學家大衛‧波姆繼續說明，在近代量子物理學的重大發現下，人類必須重新看待宇宙萬物，尤其是人類自身在宇宙中的角色。波姆認為，凡是生活周遭看得見、摸得到、呈現分離的一切物體，例如岩石、海洋、森林、動物與人類軀體等等，這些都是萬物「顯現於外的秩序」（explicate order）的形貌。

　　讓我們回到佛教世界，原本「彌勒」（maitreya）一詞代表慈愛的能量。那是屬於「內在隱含的秩序」，無法透由肉眼看到。當這股宇宙能源透由神聖意識轉化成具備形象的彌勒菩薩，就是「顯現於外的秩序」，即轉化成肉眼可見的身形。所以，彌勒菩薩將在未來於娑婆世界降生成佛，成為地球的下一位佛，而這個狀態在量子力學的看法是可能的。至於佛、菩薩由抽象的能量形式轉變成實體身形的這種狀態，在佛經稱為「示現」，意思即是「顯示、顯現」（risen up, come forth, appeared）。

海森堡的測不準原理與《金剛經》的有為法

　　每個量子物理學家都知道，當你測量一個次原子粒子時，這個粒子就會轉換成波的形式，不再固定在原地。物質沒有固定的空間，這似乎完全違反了人類傳統的認知，也衍生出所謂的「測不準原理」（uncertainty principle）。這是維爾納・海森堡於 1927 年發表的論文，概念是**所有量子領域中的東西一直都是忽隱忽現地存在，所以測不準**。傳統科學家無法解釋這是怎麼回事，因此做出「這個謎團永遠無法解開」的結論，認為我們只是活在一個不確定的宇宙中。直到量子力學的誕生，才有了比較可以說明的科學性陳述。

　　測不準原理讓我們想到《金剛經》的「一切有為法，如夢幻泡影，如露亦如電，應作如是觀」。這段話的意思是，世間的一切法則，都是虛幻無常，如夢、如幻、如泡、如影、如露珠，亦如閃電。凡屬「因緣和合」所產生的一切現象、法理，終究是虛幻的，並非永恆實存。「因緣和合」的意思是，隨著因緣種種條件結合而成，若沒有完備的條件，因緣就不會顯現於世間。如同量子領域中的東西一直都是忽隱忽現地存在，可以在「有形有相」與「無形無相」之間變換，直到有足夠的條件，才會呈現可見的物質形式。

 **小要點**

	肉眼可以觀察到	肉眼無法察覺
《心經》	色	空
量子力學	顯現於外的秩序	內在隱含的秩序

量子力學也認為「色即是空，空即是色」

量子領域中的東西一直都是忽隱忽現地存在，舉例而言，物質會以無法觀察的「光波」或是可偵測的「光子」顯現，而光在「無法觀察」與「可以偵測」的兩種狀態轉化變換，則取決於科學家實驗的設計。傳統科學家無法解釋這種現象，但量子科學家大衛‧波姆則有清晰的回應。他認為，在更深層次的真實相狀中，「內在隱含的秩序」（肉眼無法察覺）與「顯現於外的秩序」（肉眼可以觀察到）其實是相互連結的。只是我們被形體感官，以及在宇宙中所處的位置所局限，而無法看見宇宙萬物連結的方式。<u>當時愛因斯坦非常讚歎波姆的這個量子觀點，特別是在 1951 年愛因斯坦寫的《量子理論》中。</u>

波姆的論點讓我們聯想到《心經》的「色即是空，空即是色」這段話，兩者可以相互比對。「色」是真實可見的顯現物質，「空」是隱含於內的狀態，外在的色與內在的空其實是連結在一起的，所以「色空無二」與量子力學的「顯現於外的秩序」和「內在隱含的秩序」相互並存的概念是相近的。如何讓隱藏的運作秩序轉變成顯現的運作次序？波姆認為是「意識」，意識是轉化的關鍵機制。這一點明顯與量子科學之父馬克斯‧普朗克的觀點一致，只不過物理學家波姆更邁進一步，由不可見的無形無相的「意識」連結世界上肉眼可見的「物質」。

如何讓沒有形體的神聖意識體轉化成有形的菩薩呢？<u>大乘佛教的答案就是：虔誠的意識，真誠地呼喚佛、菩薩的名號</u>，這樣佛、菩薩就有機會由抽象的能量形式轉變成實體的身形，以有形有相的狀態顯現在我們的面前，也就是所謂的「示現」（顯示、顯現）。

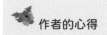 **作者的心得**　「被形體感官所限制」，這句話可以用人類的肉眼為例，人類只能見到「可見光」，至於 X 光、電磁波是無法看到的。所以，人類的肉眼無法看盡宇宙現象的全貌。《金剛經》的五眼很有意思！人類的肉眼與佛、菩薩的眼所看到的世界是不一樣的。《金剛經》第十八分〈一體同觀分〉寫著：佛陀具備佛眼，菩薩具備法眼。

10 視覺、聽覺與嗅覺，探索宇宙智慧的利器

腦神經科學與《心經》的宇宙觀

即使不以「量子科學」的角度而改以「大腦神經科學」來看，佛教依舊是個非常科學的宗教。佛教對於感官意識有非常深刻的剖析。佛教的宇宙觀在著名的《心經》即是由五蘊開始，展開詳細的「意識」邏輯推演。過程中，由人類內在意識乃至於外界環境，最後擴及整個宇宙。

首先，《心經》分析能夠認識外界的感覺器官，前五識：眼、耳、鼻、舌、身，隨後延伸至第六識「意」。由此繼續延展至外界的對象，讓身體的感覺器官與外在的環境發生作用，產生心理活動，於是來到精神層面的受、想、行、識。

「受」指感覺，「想」指意象、概念，「行」指意志，「識」是認識分別作用。整個過程是感覺的整合，感覺器官收取外界訊息，把它轉換成訊號，再將這些訊號送到大腦的各個部位，重新建構剛剛發生的事，**最後把它兜起來成為一個整體，隨後產生記憶與經驗值**。這麼一說，《心經》像不像古代大腦神經科學的教科書？

《佛説阿彌陀經》的科學觀

腦神經科學的看法與佛教在這方面是不衝突的，大腦會依賴一些過去的經驗，決定如何組織這些訊號，所以科學家相信：對於「同一件事」，不同的人可能會看到非常不同的狀態。而且科學家還發現感覺器官是一起演化出來的，視覺會影響聽覺，聽覺也會影響視覺，所以假使「同時」

刺激好幾個感官，學習效果會比較好。

千年來，關於這方面，佛教在儀軌的演變與表現是非常成功的，這也是這本書要談的重點之一。**在念誦經文時，佛教的「儀軌」會讓視覺、聽覺與嗅覺同時被刺激並互相影響。**其中，嗅覺格外特殊，利用香產生的氣味就能引動先前的學習，迅速回憶學習的經驗值。所以，本書會用相當多的篇幅談「儀軌」，即如何實際操作儀軌。

腦神經科學發現嗅覺具備特別強的喚醒記憶能力，因為嗅覺的訊號不會經過視丘，而是「直接」傳到掌管情緒的杏仁核。在佛教儀式中的上香動作中，我們就看到嗅覺深遠的影響。整個上香過程非常科學，成功地利用嗅覺的驚人速度。這樣想來，佛陀如果活在現代，想必是非常優秀的科學家。

讓我們來看一段經典的佛經經文，《佛說阿彌陀經》寫著：

彼佛國土，常作天樂。黃金為地。晝夜六時，雨天曼陀羅華……國常有種種奇妙雜色之鳥：白鶴、孔雀、鸚鵡、舍利、迦陵頻伽、共命之鳥。是諸眾鳥，晝夜六時，出和雅音。

經文充滿豐富的聲音、影像、形狀與香味，如能細心閱讀經文，將會啟動這些感官意識，即使真實環境並未出現這些神奇鳥禽，似乎讀經時依舊可以在大腦展開優美的圖像。

關於感官意識的運作，《佛說阿彌陀經》明顯地展現了視覺（黃金佛國）、聽覺（鳥聲雅音）與嗅覺（雨花香氣）。佛陀講說阿彌陀經時，讓聽講者的多重感官同時啟動，達到最佳的意識效果。所以，佛陀真的很用心，也是擁有豐富科學知識的導師。

優美的《佛說阿彌陀經》充滿科學性

誦經的過程會集中於視覺、聽覺與嗅覺這三個部分，前文也提過，同時啟動幾個感官，獲取智慧的效率會更好。仔細分析佛教儀軌的進行方式是：❶ 觀想（腦海啟動視覺意識），❷ 誦經、持咒（發出聲韻啟動聽覺意識），❸ 點香（啟動嗅覺意識）。最後一項的香可別忽略，它在科學家實驗上的效果是很驚人的，請詳閱後面更詳細的實驗資料。

《佛說阿彌陀經》中的「雨天曼陀羅華」，就是嗅覺的啟動，「華」即是「花」的古字，佛教世界描述有種極芬芳美麗的花稱為「曼陀羅花」。在佛經中，曼陀羅花是「適意」的意思，也就是說，見到這種花的人都會感到愉悅。於是，曼陀羅花包含著洞察幽明、超然覺悟與幻化無窮的精神。

讓我們換個角度來看，科學家認為人類的五種感官所接收的信息，有可能遭到扭曲而呈現全然不同的世界樣貌。就像貓狗的眼睛與人類的眼睛，即使面對相同的物件，各自大腦機制下呈現的卻是不同的畫面。因此，我們無法證明眼前所見的一切就是真實。**於是，既然感官可以愚弄我們，我們可以反其道而行，讓自己來創造實相。**

認真觀想《佛說阿彌陀經》所描述的美麗景象，讓經文內豐富的聲音、影像、形狀、香味來啟動我們的感官意識，讓覺知進入淨土美好的空間，同時還可以再連結科學家約翰‧惠勒的概念：「意識創造宇宙」。惠勒即是黑洞研究者，「黑洞」一詞的創造者，可參見前面單元 05 的介紹。

11 讓觀想來啟動視覺

感官意識的超級大將：視覺

《佛說阿彌陀經》是鳩摩羅什翻譯的，文字簡潔、流利優美，描述西方美好的神聖世界，經文裡處處充滿喜樂與莊嚴的文字。這部佛教經典是個意境美麗的文學作品，譯經大師鳩摩羅什的文學造詣可說是成就非凡。

如果仔細去領略書中優美的畫面，誦經時將啟動優勢的視覺效應。科學家經過一百多年的研究，已經發現了大腦處理圖片與文字有不同的規則。最後的結論是「輸入大腦的資料越是視覺化，以後再認知與回憶的效果會更好」，這個結論稱為「圖片優勢效率」（pictorial superiority effect, PSE）。如果每次你念誦《佛說阿彌陀經》，都能專注地觀想那美麗的淨土景象，一次又一次，經年累月，那將進入更深層的阿彌陀世界的領悟。

分子生物學家約翰・麥迪納（John Medina）博士就曾分享他在大腦科學領域研究的成果，在實驗過程中顯示人類平均可以記住 2500 張圖片。每一張圖只要看 10 秒，好幾天之後還能記住 90%，一年之後平均還能記住 65%。好驚人的人類視覺記憶，至於文字就不是如此。

可憐的單純文字記憶

但如果只有文字口語的記憶呢？喃喃自語般地念誦經文，那將會如何呢？約翰・麥迪納博士告訴我們，72 小時之後，只能記得全部資訊的 10%，相較於圖像記憶實在是少的可憐。難怪很多朋友會說，佛教經文怎

麼那麼難記住呢？

　　我總會說，別難過，因為你擁有正常人類的生物機制，也就是說經文看過就忘記是正常的。當然有人可以過目不忘，但終究是少數。唯一可以肯定的一件事是，僅止於閱讀經文，少了圖像的輔助，啟動智慧的效率就大大降低了。

科學上絕佳的視覺優勢與佛教的觀想法門

　　那該如何進行圖像的輔助呢？佛教有個稱為「觀想」的修行法門，解決了單獨念誦經文的低效率運作。透由「圖像式」的觀想再配合「文字形式」的經文，就可以大大提升記憶效果，更重要的是觀想能強化接觸宇宙智慧的效能。了解這個道理後，觀想的重要性就不可言喻了。特別是大乘佛教體系下的藏傳佛教，也就是所謂的「金剛乘」（Vajra Yana）修習過程中，其視覺運作的法門非常優秀，是格外強調觀想的修行系統。

　　要了解觀想，首先讓我們先認識藏傳佛教中的一個很特殊的名詞：「本尊」，它跟影像視覺化有著密切的關係。「本尊」一詞在藏語音譯為 yidam，梵語則是 ishtadevata。雖然這個字詞在西藏或印度是一個常見的用語，但是在中文裡卻很難找到一個恰當的字詞來描述，通常會稱之為「本尊守護神」，意思是可以守護個人的神聖意識體。

　　對於「本尊」一詞更精確的理解，應該是代表「覺悟或是證得智慧的意義與過程」。這原本是一個抽象概念，而金剛乘成功地以一個具象的擬人化圖像來傳達這個特殊的名詞，將抽象覺悟的意義與過程，轉化成實體的身像，也就是有形體的佛像，成為一個可以參拜的具象身形。

將本尊守護神擬像化

而後，藏傳佛教中，「本尊」被視為信眾在情緒、感官、領悟與佛教誓言上的「最佳模範」，是修行過程中的學習對象，不同階段有不同的本尊，這是本尊真正的概念。

許多西藏年輕人的第一位本尊是迷人的綠度母（Green Tara），這原本是一股美麗的能量，人們將其擬像成一位美麗優雅的救度女神，造像上青春貌美、身形豐滿而美麗。在藏傳佛教中，綠度母是宇宙真善美的象徵，能圓滿我們生命的身、心、靈三個層面。西藏宗教系統透由觀想的視覺化效果，讓抽象概念可以更深入人類的意識，在科學的角度看，這是正確的。

視覺是我們最具優勢的感官，也同時消耗掉大腦一半的資源。視覺分析有很多步驟，視網膜先將光子彙集成像電影一樣的「訊息河流」，接著視覺皮質處理這些河流般流動的訊息，有些區域處理動作，有些區域處理顏色。最後，我們將這些訊息綜合起來就成為所看到的東西。

梵語中有個字是 citta-dhara，了不起的玄奘將之譯為「心流注」，這個譯法更接近意識流動的意思。**佛教世界的「心流注」與神經科學的「訊息河流」看來頗為近似。**「心流注」的意思是說：思維如同流水轉動（流），也會隨眾生的因緣暫時灌注停留於一處（注），形成某個時空某個因緣的意識狀態。「流」與「注」兩個漢字的翻譯極為傳神，玄奘描述心識運作與現代大腦科學家是那麼地近似，實在是非常優秀的大譯師，令人讚歎不已。

圖片的學習速度與記憶效果最好，文字相對弱很多，這是經過無數次科學實驗證明得知的結果。大腦是將每個文字看成很多張小圖片，對於大腦皮質來，根本沒有東西叫「文字」。所以，視覺的學習效果，遠比文字或口語表達的方式好得多。例如，你看到中文字「汽車」或是英文

字「Car」，對於大腦皮質來說，根本沒有東西叫汽車，而是必須再透由大腦運作的機制將之轉換成圖片。所以，當藏人看到 Yidam 的藏文，或是印度修行者看到 Ishtadevata 這個名相，在他們的腦海中其實會轉化成個人本尊守護神的形象。

如果跳脫文字的羈絆，也就是超越名相的限制，圖像的靈活性與體悟性將是更高。

本尊守護神可能是一尊金剛薩埵的聖像，也可能是綠度母的法相，一切依循個人的修行狀態或是上師的指導而有所選擇。

 **小要點**

Ishtadevata 的意涵

梵文 Ishtadevata

藏文 Yidam

中文 本尊、本尊守護神
（中文無法用單一名詞本尊來描述 Ishtadevata。）

完整意思 ❶ 信眾在情緒、感官、領悟與佛教誓言上的「最佳模範」。
❷ 修行過程中的學習對象。
❸ 不同階段有不同的本尊。

12 視覺加上聽覺的威猛力量

多元感官意識讓大腦的運作更有效能

如前所述，科學神經學實驗顯示，人類對於僅有文字口語的記憶，72 小時之後只記得 10%，相較於圖像記憶少的可憐。但是，腦神經科學家發現，如果文字「加上」一張圖片後再次測試，記憶就可以提升到 65%，有相當幅度的改善。顯然，視覺與聽覺聯手將是非常有效的。

所以，大乘佛教中對「阿彌陀佛」的呼喚，也是如此。祂的梵語是 Aamitabha，原意是無限量的光芒，當我們念誦此名號的梵音 Amitabha 時，要好好善用人類優秀的視覺效應，練習在腦海中浮現出無限量的光芒或是祂的神聖法相，而非只有「阿彌陀佛」這四個漢字。如果發聲是梵音更好了！

無限量光芒「觀想」的視覺，結合名號四梵音 Amitabha「念誦發聲」的聽覺，可以迅速提升啟動智慧的效果，這即是「觀想」的技巧。

感官意識的相互結合，再加上情緒

人類從感覺器官收取外界的訊息，再將它轉化成訊號。由於感覺器官是一起演化的，視覺和聽覺會相互影響，因此，只要同時啟動視覺（觀想）與聽覺（誦經），領略智慧意識的效果會更優秀，這也非常貼近我們去寺廟祈禱的傳統方式。

但是，人類還有一個奇妙的語言：**情緒，其能量無窮！情緒是鞏固**

記憶最強大的工具。小時候，我們學習東西不費吹灰之力，是因為小孩子對學習擁有自然而然的熱情。無論是喜悅或新奇、害怕或恐懼，這類情緒都會強化學習效果，而且會讓你永生難忘。人類的情緒可以是一種無聲語言，參拜時充滿虔誠的信念，把心中的苦難告訴佛、菩薩。在感恩的情緒下，於佛、菩薩面前發出祈願，更能與佛、菩薩的能量接軌，那股連結的力道更為緊密強固。

想要啟動阿彌陀佛的智慧能量，最效率的方法有四個步驟，詳見如下，建議讀者多加練習。

念誦梵音佛號踏實有用的四個步驟：情緒、視覺、音韻、安住

1. **啟動人類最原始的語言「情緒」：**初始的發心時，以虔敬的心、至誠真心，來呼喚宇宙的智慧能量──阿彌陀佛。

2. **進行觀想，反覆練習「視覺化」：**想像咒語的聲韻振動所帶來的無量光芒，讓自己被包圍在宇宙的智慧能量之中。

3. **認真念誦與感受，善用「音韻」：**努力去感受無量光芒溫暖地包覆著你，而非只是反覆單調地重複念誦，念誦「阿彌陀佛」四個漢字已經不錯，如果念誦 Amitabha 更好。

4. **最後的「安住」：**讓自己浸潤在祈願之內，喜悅與智慧才得以進入我們的身體。

13 誦經時別忽略神奇的嗅覺：點燃一柱香

　　佛教在儀軌操作上格外重視六供物，什麼是供物呢？供物是「提供宗教能量」與「供養佛、菩薩」的參拜物品。其中，花香、塗香、抹香、燒香是重要的環節之一，這些供養引領誦經者進入了嗅覺的世界。六供物是指「花、塗香、水、燒香、飯食、燈明」，以供物虔誠供養諸佛、菩薩，同時引動人類的感官意識，進而朝向美好的意識狀態前去。

　　日本京都是充分實踐供物的幽靜城市，上述的每個供物都自然地融入京都的生活，典雅細緻清淨！可見這個古都用心專注地發展這些供物。供養物品在「藥師儀軌」可以找到細膩的進行程序。**在六供物之中，以「嗅覺」占的比率最高，至少有花、塗香、燒香，而這是佛教儀軌細緻的安排。**

　　先來看看大腦神經如何運作嗅覺，你將會驚訝嗅覺是多麼奇妙！大腦有個非常重要的部位稱為「視丘」，它是卵圓形的結構，長約三公分，介於大腦與中腦之間，左右各一個。視丘是很複雜的結構，裡面包含許多神經核群與神經細胞，負責「感覺性訊息」由脊髓、腦幹、小腦等傳到大腦皮質的主要傳遞站，也就是負責對於感官中的「聽覺、視覺、味覺」等訊息的詮釋與傳遞。視丘對人類意識清醒狀態的維持、情緒、記憶等功能的作用，占著極重要的角色，但為何其中不包括「嗅覺」呢？

如何創制一個充滿能量的空間

 作者的心得

誦經持咒是一個美好神聖的過程，古代的人們會在院寺慎重備齊六供物：花、塗香、水、燒香、飯食、燈明。但是，現代在家中可以簡單地達到接近的效果。如何創制一個充滿能量的空間？只要準備一杯茶（味覺），小小的一尊佛像（視覺），點一支香（嗅覺），再透由電腦播放網路上的咒語念誦（聽覺），就可以了！如此就能同時引動人類的感官意識，進而朝向諸佛、菩薩的智慧能量。其效果真的非常好！

神奇的嗅覺不須經過視丘，更快速、更直接

這是因為嗅覺能力太強大了，嗅覺有特強的喚醒記憶能力，其訊號無須經過視丘，可以直接傳送到杏仁核，那是個掌控情緒及情緒記憶的部位。所以，嗅覺可以迅速帶回誦經時美好的「情緒」，也包含追尋智慧的「記憶」。這最重要的關鍵就是直接迅速而無須通過視丘！

科學家告訴我們，每個人每天平均呼吸兩萬三千次。那些吸進的分子，透過鼻腔和皮膚，很快就會進入我們的腦部和循環系統。鼻子的神經末梢再將氣味送到掌管「原始本能」和「記憶」的中腦周邊系統。很奇妙，跟視覺或聽覺相比，嗅覺經驗存留的時間較長。嗅覺不像畫面和聲音需要掌管思維的外腦皮層，而是一種直接的化學反應。顯然，古老的佛教儀式早早就知道這個嗅覺的祕密，所以香的宗教功用流傳至今，從來沒有消失過。不管是東方佛寺的香爐，還是西方教堂僧侶使用的薰香球，仍保留了使用香的儀式。或許，中文裡的「香客」、「香案」、「香堂」、「香錢」都源自這個文化語境。

香就好比願望的盛載器，載送念誦者的願望到宇宙虛空

所以，經文的一開始會有一段〈爐香讚〉，點一炷香，立刻可以喚起記憶，然後念誦「爐香乍爇，法界蒙熏。諸佛海會悉遙聞。隨處結祥雲。誠意方殷。諸佛現全身。南無香雲蓋菩薩摩訶薩。南無香雲蓋菩薩摩訶薩。南無本師釋迦牟尼佛」。

「上香」是佛教儀軌中無比重要的一個步驟，所以〈爐香讚〉排在首位。香除了可以迅速啟動人類的嗅覺，還有宗教上意念的意義，香就好比願望的盛載器，像是天空飛行器，載送念誦者的願望到宇宙虛空。除了願望盛載器的「象徵意念」之外，在寺廟點香或燒香的儀軌，同時

帶有科學的「實質經驗」。上香或點香可以強而有力地喚醒大腦嗅覺記憶，將過往學習的經文快速取出來。充滿感激地念誦〈爐香讚〉與祈請，在自然的狀態下似乎可以感受到一道微妙的光芒。

《藥師經》的科學觀

以《藥師琉璃光如來本願功德經》為例，有一段經文寫著：

世尊！若於此經受持讀誦，或復為他演說開示，若自書，若教人書，恭敬尊重，以種種華香、塗香、末香、燒香、華鬘、瓔珞、幡蓋、伎樂而為供養。以五色綵，作囊盛之，掃灑淨處，敷設高座，而用安處。

這段經文至少有四件事與香有關，華香、塗香、末香（抹香）、華鬘（花環）都顯現出香的重要，目的是讓嗅覺快速啟動我們連結佛、菩薩的意識與記憶。所以，念經前點一炷香，除了是寧靜的宗教儀式，還有深厚的科學概念。

小要點

感官意識（六識中的 眼、耳、鼻、舌、身）
＋ 心理意識（六識中的 意）
＋ 直覺意識（遠離感官意識、邏輯思考）

＝ 梵語 Jnanam（無智亦無得的「智」）

（Jnanam 是以上三種意識的總和，所形成的一種神奇智慧。）

14 「專注於一」是誦經通往神聖空間的特快車

淨土宗的專注於一

古印度的真言咒語，除了部分是人類語言文字可以陳述的咒字之外，許多是單純宇宙能量的音韻，「並非」文字語言所能陳述。這兩種形式的咒語相互影響，喚起持咒者深沉的自我意識，在此之中體悟靈性真理，並與宇宙的能量相互共鳴，從中獲得智慧。因此，長期誠心念誦諸佛、菩薩的名號，將有機會產生一種自在平安的奇妙體驗，這是許多人都會經驗到的。請記得，佛、菩薩的「名號」也是真言咒語，認真念誦祂們的名號，就等同於呼喚宇宙的智慧能量，有了這善美能量的加持，就更能專注地念誦經文。

我們以《佛說阿彌陀經》來說明，這部經是淨土三經之一，其餘兩部是《觀無量壽經》與《無量壽經》。《佛說阿彌陀經》所提倡的念佛法門非常容易學習，讓念佛一時之間蔚為風氣，甚至廣泛流傳於漢字文化圈各國，如日本、韓國與越南。以下藉著了解《佛說阿彌陀經》的淨土描述，來一窺更高層次的實相。

《佛說阿彌陀經》的無限量光芒的能量振動

《佛說阿彌陀經》在中國影響層面最大的人物是唐代的善導大師（613~681），他開創了淨土宗，以阿彌陀佛的相關經典為宗。唐代時，淨土宗正式在中國逐漸傳播與擴展，最後與禪宗並列為中國佛教主要的兩大宗派。不過，《佛說阿彌陀經》的版本並非獨一，其中以鳩摩羅什的譯本最為簡潔。

這個版本充滿流利優美的文學詞句，意境美麗。一開始，經文裡描述宇宙西方美好的神聖世界，在那空間充滿喜樂與莊嚴，而且超越人世間所能體驗的喜樂，因此稱為「極樂」（Sukhavati）。經文裡，先是活潑生動地描述了神聖空間的宮殿建物，以建構感官意識中視覺上的美學。內容還提到奇妙珍禽的美樂：「是諸眾鳥，晝夜六時，出和雅音」，這時呈現聽覺的美學，是音韻的振動！

在這個極樂空間裡，微風吹動淨土環境，發出微妙音聲，經文寫著：「微風吹動諸寶行樹，及寶羅網，出微妙音，譬如百千種樂，同時俱作。」此處再次呈現聽覺的美學，由鳥禽的美聲延續到風動的悅音，這也是音韻的振動。於是我們很容易想起以「頻率振動」概念發展出的量子力學，即「宇宙的一切事物都在振動，萬事萬物各有其頻率，也因頻率產生了能量」。在《佛說阿彌陀經》的經文裡，這個美好的神聖空間處處充滿悅音振動，連同「阿彌陀佛」（Amitabha）這個神聖名號的念誦也是音韻的振動，代表的是無限量光芒的能量振動。

「人間佛陀」連結「宇宙佛陀」的智慧

《佛說阿彌陀經》中，「佛」指的是釋迦牟尼佛，由這位印度古代智者來演說阿彌陀佛的智慧能量。釋迦牟尼佛是人類歷史上真實存在的人物，我們稱之為「歷史佛陀」。佛陀是已經達到證悟宇宙真理的境態，除了真實人物的歷史佛陀，還有不曾誕生於地球的宇宙佛陀，祂們是卓越超凡的神聖意識體，阿彌陀佛就是其中一位宇宙佛陀。

阿彌陀佛是虛空中的神聖意識體，充滿智慧能量（妙觀察智），可以剋除人類的貪、瞋、癡三毒中的慾望。在眾多佛經中，**極少數不是由佛陀弟子提問而是釋迦牟尼佛「不問自說」的經典，《佛說阿彌陀經》即是如此。**直接由歷史佛陀釋迦牟尼來演說宇宙佛陀阿彌陀的智慧，兩種不同形式的佛陀展開宇宙智慧能量的交流。

在經文裡，釋迦牟尼詳盡地說明阿彌陀佛的「佛號由來」與「意義」，這是在提醒讀經者要特別注意，如果認真體會其名號意義，即可提升誦經的專注力。

以量子力學計算阿彌陀佛的聲韻與觀想

在念誦阿彌陀佛的佛號時，心中要升起無限量光芒的畫面，這個過程叫「觀想」，千萬不要以有口無心的念誦方式，這是關鍵。此外，如果能接近梵語的發音，更能專注於一。阿彌陀佛的發音接近於 amitabha，可稍稍斷字為 a-mi-tab-ha，發音很接近「阿米祂哈」。這是透過 a-mi-tab-ha 音韻的振動頻率而產生能量，佛號與咒語都屬於這一類的聲音振動。

不僅如此，思想也是一種能量振動，現代科技可以讓醫生利用腦電波和腦部掃描器，測量出人類大腦活動所釋放出的能量。用英文來說就是「Thoughts become things.」，即「思想變成了事物」。換句話說，信念可以創造實相。

讓我們再回想一下，以頻率振動概念發展出的量子力學，認為「宇宙的一切都在振動，萬事萬物各有其頻率」，有了頻率就產生能量。這要如何計算呢？

工學院的學生對於普朗克常數 h（$6.62606957 \times 10\text{-}34 \text{ m2 kg / s}$）應該不陌生，在高中物理課本上也教過 $E = h\nu$。這是量子力學創始者馬克斯·普朗克在物理學上一個能量和頻率之間的著名關係式。很簡單的，「普朗克常數 h」乘上「振動的頻率 ν」，就可以計算出其對應的一個次原子（光子、電子等）的能量。

專注於一地念誦，千萬不要有口無心

心念是頻率，佛號的聲韻也是頻率。專心念佛號之後，再進入經文，是不錯的程序。有時，優秀修行者在持咒時會產生非常強烈的共鳴振盪，幾乎具體可觸，甚至連旁人都可以感覺，這便會形成專注於一的狀態。

建議讀者在念誦經文時，面對諸佛、菩薩的名號，應該先了解其原始意義，而後觀想其意義，由腦海升起那幅畫面，如此「專注於一」地呼喚，不要再有口無心地喃喃念誦，這樣才有機會體悟到神聖智慧的存在。

更精采的 35 位宇宙佛陀，驚人的宇宙能量大匯聚

最後，《佛說阿彌陀經》勸導眾生，誠心誦念阿彌陀佛之名號，啟動宇宙音韻的振動後，就可以前往西方神聖的淨土。不僅如此，經文最後還以東、南、西、北、下、上等宇宙六個方位的諸佛，來勸導眾生相信阿彌陀佛，也以極樂世界的種種事蹟做為《佛說阿彌陀經》的結尾，祂們都是阿彌陀佛的見證者。

這些宇宙虛空不同方位的佛陀，即是宇宙不同方位的神聖意識體，其智慧能量都已經達到證悟宇宙的真理之境界，在《佛說阿彌陀經》，祂們都充分地與阿彌陀佛的能量相互振動。

這部經典充滿著許多的神聖意識體，真的很善美、很奇妙。如果你細數經文，除了阿彌陀佛之外，還有其他 35 位宇宙佛陀。好好專注念誦經文，正確發出佛號，跟著釋迦牟尼的指導，每一次念誦《佛說阿彌陀經》時，就會不知不覺地下載許多宇宙的智慧能量。久而久之，你會感受到阿彌陀佛的看顧與保護！

15 生物量子學與唯識論的意識連結

在佛教的世界裡，意識能量可以存在物體上嗎？會對物體產生影響嗎？《唯識論》裡有個阿賴耶識（Alaya），就是同意這樣的看法。這部佛教重要經典是在西元四世紀由北印度的世親（Vasubandhu，無著的弟弟）所寫，內容主張沒有客觀的外境和對象，一切的現象只是心識轉變而顯現，非常類似量子科學的說法。《唯識論》認為阿賴耶識儲藏「無數」各種心識的種子，而且這些種子會不斷「成熟」，不斷輾轉變化，於是形成宇宙間的千萬現象。《唯識論》的作者世親是大乘瑜伽行派的大師，其內還有個超越時空的深層哲學，認為**潛藏在每一個人身上的阿賴耶識並不會隨著肉體的死亡而消失**。

《唯識論》的宗教思想也出現於近代量子科學的研究中。英國劍橋大學的教授羅傑‧彭羅斯（Roger Penrose）和美國的教授史都華‧哈默洛夫（Stuart Hameroff）所創立的理論，共同專注於意識的研究。彭羅斯是世界頂尖的量子科學家，他認為人的大腦有一點是現在的計算機和機器人做不到的，就是「人的大腦有直覺」。

計算機和機器人都是以邏輯運算，所以不能產生直覺。直覺這種現象，彭羅斯認為只有量子系統才能夠產生，傳統的電腦是無法達成的。以《心經》中，「無智亦無得」的「智」，就彰顯了直覺意識的重要。《心經》的「智」不單純是智慧的智，在梵語是 Jnanam，是「感官意識」（六識中的眼、耳、鼻、舌、身）加上「心理意識」（六識中的意），以及「直覺意識」。Jnanam 是以上三種意識的總和，所形成的一種神奇智慧。其中，直覺意識扮演很重要的角色。直覺意識是脫離邏輯判斷的軌跡，而傳統電腦的運算必須符合邏輯。所以，傳統電腦沒有直覺運作，只有量子電腦才能構成。

人死亡時，意識可能離開身體，完全進入宇宙中

按照羅傑‧彭羅斯和史都華‧哈默洛夫的理論，我們的大腦中存在海量的電子連結，意識不光是存在於我們的大腦神經系統細胞之中，也不只是大腦神經細胞的交互作用，而且也形成在宇宙之中，因為宇宙中不同地方的電子可能是連結在一起的。

人死亡時，意識可能離開身體，完全進入宇宙中。世界上可能存在著類似靈魂的東西，它在人生結束之後不會死去，只是回到宇宙中的某個地方。彭羅斯的這種觀念跟唯識論的根本「阿賴耶識學說」是一致的。針對這個古代的佛教思想，我們將在單元 16 比對一個著名的量子實驗，非常有趣，神祕而迷人。

《唯識論》的能量與空間：能藏與所藏

現在繼續深談阿賴耶識，它又被稱「能藏」，指阿賴耶識能夠攝取和保存一切「種子」，具備了形成宇宙萬有的潛在力。能藏的「能」與「藏」在梵文是同一個字，傳統上解釋成「能夠儲藏」，也許可以更口語化地解釋成「能量的儲藏」或是「能量的寶藏」。這個佛教理論系統認為，當「種子」或「潛在力時機」成熟時，就能生出宇宙萬物，如同稻田裡稻、麥等種子發芽，或是成長的生命變化。

不過，阿賴耶識又稱「所藏」，「所」一詞意指居所、住處或儲藏位置，這是以空間的面向來看待阿賴耶識。阿賴耶識被視為生起宇宙萬有潛在力的所藏之處，是宇宙所有一切能量的保存位置，也就是各類「種子」儲藏與棲身之處，宛如一座神奇的「倉庫」。

如果對照人類的身體機制，阿賴耶識似乎可比對人體的 DNA。DNA同時擁有類似「能藏」、「所藏」的功能與運作機制。請讀者耐心看下一個單元中奇妙的生物量子實驗。

16 人體 DNA 的資訊儲藏與量子生物學

　　DNA 在生物科學中稱為「去氧核醣核酸」，功能是組成遺傳指令，引導生物發育與生命機能運作，這部分頗似阿賴耶識的「能藏」概念。能藏能夠攝取及保存宇宙萬物的一切「種子」，具備了創造宇宙事物的特殊「潛在力」。這些描述其實與 DNA 的生命功能是非常相近的。讓我們來看一個現代的「量子 DNA 實驗」，這是很奇妙的先進生物學實驗，似乎可以清晰連結到佛教古老的阿賴耶識。

　　在現代的量子 DNA 實驗結果發現，人體小小的 DNA 可以影響物質世界的光子，那麼完整人類的意識更強大，是不是更可以影響我們的身體，甚至周遭的物品？

　　1995 年在俄羅斯科學學院（Russian Academy of Sciences）進行一系列重要研究，由量子生物學家弗拉迪米爾・琶普寧（Vladimir Poponin）及其同事發表一篇重要的論文，描述一系列 DNA 實驗，發現人體 DNA 真的能直接影響物質世界的實驗。

DNA 魅影效應與微妙能量現象

　　這個實驗被視為「DNA 魅影效應」（The DNA Phantom Effect），顧名思義是如魅影般充滿奇妙神祕的效應，該實驗的結果與發現，對於詮釋及理解「微妙能量現象」的特異運作機制，產生了學術上的深遠影響。目前已知的影響包括「能量現象」的解釋，還有「另類療癒現象」的詮釋。

　　科學家琶普寧進行的是一個前所未有的量子實驗，要去測試 DNA 在光子中的表現，光子是組成世界的量子「物質」。首先，他在實驗室以特

殊試管中抽光所有的空氣，創造出所謂的真空環境。就古典物理學而言，真空（Vacuum）一詞就表示容器內空無一物，不過，量子物理學的科學家知道，就算把空氣抽光，裡面還是有東西存在，也就是光子（Photon）。

　　芭普寧在實驗過程中採用能夠偵測粒子設計的精密儀器，測量出光子在試管中的分布位置。一開始，光子以完全隨機的方式散布在試管中，沒有特殊的分布形狀。接下來的實驗中，他在試管內加入人類的 DNA。沒想到，光子在 DNA 存在的狀態下有出人意料的表現，不再如之前所見隨機分散，而是形成「特定的排列方式」。

隱藏的能量影響物質世界的光子

　　這個實驗顯示人體的 DNA 顯然會對光子造成直接影響，彷彿透過某種隱形力量讓試管內的光子形成有序的排列。DNA 的奇異表現，讓我們聯想到《唯識論》裡所提到的阿賴耶識的種子，DNA 就如同阿賴耶識儲藏了無數各類心識的種子，而且這些種子會不斷「成熟」，不斷「輾轉變化」，於是形成宇宙間的千萬現象。這個實驗結果暗示意識影響了世界，進而形成了世界。

　　而且《唯識論》還認為潛藏在每一個人身上的阿賴耶識並不會隨著肉體的死亡而消失，關於這一點，請繼續往下閱讀芭普寧的實驗。

17 DNA 的影響力不會消失，如同阿賴耶識不會隨死亡而消失

近代的俄國量子科學家琶普寧與古代印度瑜伽大師

弗拉迪米爾・琶普寧的實驗先是證明了人體 DNA 會影響光子的排列，隨後他再將試管中的 DNA「移除」後，出現另一個更驚人的現象。這個驚奇的結果是光子依然維持在有序的狀態，沒有回到最初隨機的排列方式。彷彿 DNA 仍在試管中一般，這讓科學家無法解釋影響光子的能量來自何處。我們不禁要懷疑 DNA 是不是能夠影響或操控光子排列的意識呢？

第二個實驗中，這個受到嚴格控制的實驗室環境裡，人體 DNA 和真空管內的光子很明確在實質上已經分離，不再共處於同一個空間。但光子的排列還在，DNA 與光子在某種程度上似乎「依舊連結」，只是我們無法在實驗室觀察看到那連結的隱藏能量。

請再回憶一千六百年前印度論師世親的《唯識論》，其內容認為潛藏在每一個人身上的阿賴耶識，並不會隨著肉體的死亡而消失。阿賴耶識就像這個實驗室環境中試管內的人體 DNA，對於光子依舊存在一個神祕的影響，並未消失。

DNA 具有意識，能遠距影響光子？

這兩個實驗的結論是：第一，由於光子是世界的本質，而實驗證明人類的 DNA 可以改變光子的行為，這也意味著人類的 DNA 會影響世界的本質。第二，即使人類的 DNA 移除了，那個排列依舊存在，沒有恢復

隨機狀態，這表示肯定有個非常神祕的能量依舊在操控光子的排列。

是不是 DNA 有特殊能量或是意識，能夠繼續影響試管內的光子（物質世界）？這像不像《唯識論》提到的能藏與意識概念呢？這個量子 DNA 實驗推測試管內可能還有某種能量的存在，那是 DNA 的意識嗎？對這一連串的問題，我們無法下定論，但可以確認細胞的 DNA 能透過上述能量形式影響物質。

此類實驗之所以重要，是因為傳統學術知識使我們相信 DNA 與光子不可能彼此溝通，認為它們是獨立且無關聯的。量子實驗結果則讓我們不再認為物質世界的物體彼此分離時是真的全然分離。因為人體的 DNA 與光子在實驗室的互動，為我們帶來了不同層面的想法。

人體細胞的 DNA 運用念力所產生的現象？

透由這個實驗讓我們再次思考，人的身體可以分成身、心、靈三個層次，「身」是人體的組織器官，「心」是大腦開發出來的人體潛能，「靈」則是人體潛藏的智慧能量加上宇宙純淨的智慧能量。若是人體細微的 DNA 可以影響到光子，那麼層級比 DNA 更龐大的人體大腦的意識運作，幾乎可說一定也能影響到物質世界。

量子科學家也陸續進行這類的實驗，證實了這樣的推論。這些精心設計的許多實驗，包括微觀世界中肉眼無法偵測的「引導性遠距意志作用」、「隔空移物」等等，感覺上好像就是人體細胞的 DNA 運用「念力」所產生的現象。所有的實驗都回到量子力學最根本的概念：意識創造了宇宙萬物。

18 透過觀想，快速連結宇宙意識體，前往神聖空間

　　宗教的各種法門之目的，就是要解脫生命之苦。來到娑婆世界的每個生命體，難免都會受到折磨和苦難，人類在成長的過程中經歷苦痛是必然的事。當困境來臨時，我們需要精神層面或是物質層面的救助。

　　困境結束之後，人們開始會冷靜思考個人生命和宇宙之間的關係。有些古代印度的優秀智者，就是在困境狀態解決後走向自我探索之旅，佛教的創始者釋迦牟尼就是最重要的一位。這些心靈智者循著深層意識，走入更高層面的探索之旅，發展出與宇宙力量接軌的種種「教導、技巧和方法」，印度梵語總稱為 upaya，意思是「巧善方便」（skillful means）。

　　「觀想」即是非常優秀的教導、技巧和方法，非常優質的巧善方便。觀想是將抽象思想予以視覺化，最常見的是宇宙能量的具象化！

大腦科學家如何看待「實相」與「觀想」

　　科學家如何看待視覺性的觀想呢？神經疾病的遺傳學家魯道夫・譚茲博士是「阿茲海默症基因計畫」的領導人，也是哈佛百大最具影響力的畢業生。終生研究大腦機制的譚茲博士是這樣描述所謂的實相（reality），他說：「必須透過下列管道才能建立，也就是用感官去察覺它（例如疼痛或愉悅）、用視覺畫面去想像它、用情緒去感受它或思考它。這樣的過濾隨時都在進行，卻神祕無比。」他在這裡談到了實相與視覺觀想的關係，是何等神祕無比！然後他繼續說操作的方法：「現在，請在心裡想像美麗的日落。沒有任何光子打在你的視網膜上，但就像真的注視日落時一樣。沒有任何光源照射你的視覺皮質，它和大腦的其他部位一樣淹沒在黑暗

中。但是，微伏特電壓把離子沿著你的神經元來回傳送，於是神奇地製造出明亮的畫面，讓你領略到了日落之美，還有一連串跟日落有關的聯想。」看到這裡，很明顯會發現這就是佛教的巧善方便「觀想」，我們不禁想到，觀想阿彌陀佛那個無限量光芒的畫面，與研究大腦機制的譚茲博士的描述是多麼近似。

在東方，透由觀想獲取宇宙智慧，成為佛教不同宗派的共同法門之一。現在讓我們練習佛教的「觀想」進入「三世佛」的世界，進入譚茲博士所描述的接觸實相的方法。三世佛是大乘佛教的主要崇敬對象，俗稱「三寶佛」。祂們是宇宙三個不同空間的智者，每位都已經達到透徹宇宙真理的美好境界，也就是佛陀的境界。根據印度哲學，時間和空間是混淆的（註：應是指無區別之意），因此三世佛分為以空間計算的「橫三世佛」與另一組以時間計算的「縱三世佛」成對比。

三位超級佛陀引領六位菩薩，九股智慧能量的總結合

我們要來談的三寶佛，是以「空間」來區隔的橫三世佛，而非時間來分別。中央是人類歷史上真實存在的釋迦牟尼，西方則是宇宙智慧能量的阿彌陀佛，東方也是同屬智慧能量的藥師琉璃光如來。後兩者都不是歷史上真實的人物，而是宇宙的神聖意識體，充滿智慧的釋迦牟尼發現了祂們。

先談釋迦牟尼佛，由他負責主管中央的「娑婆世界」（Saha），也就是我們居住的地球。他的身旁總是有兩位脅侍，「大智」文殊菩薩（智慧象徵）和「大行」普賢菩薩（代表實踐）。釋迦牟尼不僅是我們這個世界的教化者，同時也是佛教創始者。祂的法身被視為藏傳佛教崇敬的大日如來，法身是無形無相的，無法透由人類的肉眼觀察得到。

東方的宇宙智慧能量是藥師琉璃佛，散放純淨明亮的琉璃光，由祂負責統御這裡的神聖空間「淨琉璃世界」（Vaiduryanirbhasa）。祂不是人類歷史上的真實人物，而是存在於虛空的宇宙神聖意識體，我們稱為宇宙佛陀，有別於人間佛陀的釋迦牟尼。通常藥師琉璃佛也有兩位脅侍：日光遍照菩薩和月光遍照菩薩，號稱「東方三聖」。人們在向藥師佛祈禱時，主要目的在於祈求「現世」的安樂。藥師佛可以保佑世人消災、延壽與去病，許多老者和病人都會禮拜藥師佛，以求健康長壽，是這個時代的人類特別需要的宇宙能量。

再談西方阿彌陀佛，祂也是宇宙神聖的智慧能量，不是真實的歷史人物。由祂來統轄西方淨土，這個神聖空間稱為「極樂」（Sukhavati）。同樣的，他也有兩位脅侍，代表「大勇」的大勢至菩薩（象徵能量）和「大悲」觀世音菩薩（代表慈悲）。此三尊阿彌陀佛、大勢至與觀世音合稱「西方三聖」。一般祈禱於阿彌陀佛，主要目的是祈求生命結束後的解脫。漢傳佛教認為，阿彌陀佛主要是以其願力引渡眾生到極樂世界，脫離苦難的輪迴。

小要點

橫三世佛

西方 極樂世界	中央 娑婆世界	東方 淨琉璃世界
阿彌陀佛	**釋迦牟尼**	**藥師琉璃佛**
脅侍： 「大勇」大勢至菩薩 「大悲」觀世音菩薩	脅侍： 「大智」文殊菩薩 「大行」普賢菩薩	脅侍： 日光遍照菩薩 月光遍照菩薩
合稱「西方三聖」 祈求生命結束後的解脫	佛教創始者	合稱「東方三聖」 祈求「現世」的安樂

在世與往世的完美能量組合

　　三寶佛在佛教世界是個完美的組合，中央的釋迦牟尼以人身的肉軀成功地與宇宙東方和西方的神聖智慧體接軌，兩股意識能量分別協助娑婆世界的我們於「現世」與「往生」自在安穩。其中，藥師琉璃光如來代表「現世」安樂，而阿彌陀佛代表「死後」的解脫，形成完整的生命能量搭配。

　　釋迦牟尼發現這些能量之後，再透由兩本經典《藥師琉璃光如來功德本願經》與《佛說阿彌陀經》來指導我們如何獲取這兩個智慧能量。我們只要跟隨著釋迦牟尼的腳步學習這兩本重要經典，此生與往世都可以獲得美好的保護。

勘忍的地球、極樂的西方淨土、淨琉璃的東方空間

　　娑婆世界是我們的地球，東方的神聖空間是淨琉璃世界，西方則是極樂淨土。三個不同空間有不同的宇宙智者來指導我們。《佛說阿彌陀經》描述「極樂」的模樣是：

　　極樂國土，七重欄楯，七重羅網，七重行樹，皆是四寶周匝圍繞，是故彼國名為極樂。……有七寶池，八功德水，充滿其中，池底純以金沙布地。四邊階道，金、銀、琉璃、玻璃合成。上有樓閣，亦以金、銀、琉璃、玻璃、硨磲、赤珠、瑪瑙而嚴飾之。池中蓮花大如車輪，青色青光、黃色黃光、赤色赤光、白色白光，微妙香潔。

　　再看《藥師琉璃光如來本願功德經》如何描東方淨琉璃世界？經文寫著：

　　然彼佛土，一向清淨，無有女人，亦無惡趣，及苦音聲。琉璃為地，

金繩界道，城闕宮閣，軒窗羅網，皆七寶成。亦如西方極樂世界，功德莊嚴，等無差別。

顯然，這兩個淨土的空間形貌是非常近似的。

那麼，如何練習前往美好的神聖淨土呢？這一切的程序都與「視覺觀想」和「真言咒語」有關。先前已經介紹過阿彌陀佛的觀想方式，現在再來複習一次阿彌陀佛（或無量壽佛）的觀想，然後學習藥師琉璃光如來的觀想。

練習一：西方無限量光芒的能量觀想

「無限量的光芒」是阿彌陀佛的梵語 Amitabha 的原意，在念誦這個梵音佛號時要發心，以虔敬的心來呼喚這股宇宙的智慧能量，然後開始進行「觀想」。

如何觀想呢？就是想像咒語 Amitabha 的聲韻振動所帶來的無量光芒，讓自己被包圍在宇宙的智慧能量之中。

然後繼續觀想身體的感受，努力去感受無量光芒溫暖地包覆著你，而非只是反覆單調地重複念誦。最後練習安住，讓自己「浸潤」在祈願之內，喜悅與智慧才得以進入我們的身體。這個方法就是身（身體感受）、語（念誦佛號）、意（專心觀想）三個層面全部開啟。

練習二：東方淨琉璃光芒的能量觀想

接下來是東方的宇宙能量琉璃光。琉璃光是藥師如來的梵音佛號，梵語是 Vaidurya Praba Rajaya，意思即是：琉璃（Vaidurya）光（Praba）

王（Rajaya）。呼喚祂的名號就是一種持咒，除了口裡念誦聲韻之外，心中還必須「觀想」出藥師佛全身散發琉璃般的藍色光芒，想像自己被這股藍色光芒包圍。

藥師琉璃光如來的名號比較長，為了讓讀者記住，我們進一步解釋一下。vaidurya 是指一種藍色的寶石「青金石」（lapis lazuli），vaidurya 的發音接近「外度里亞」，其藍色的外觀正好符合藥師如來藍色的身形；praba 的原意是「光」，意指藥師佛的智慧明光；rajaya 的原意是「王」，藥師佛已達到證悟的最高境界，王代表覺悟之王。

如何觀想藥師如來呢？這與觀想阿彌陀佛的方式非常相近。同樣的，一開始要發心，虔誠告訴藥師佛，關於自己的病痛之處、身體的痛苦或是精神的磨難，以虔敬的心來呼喚祂所具備的神奇療癒力。然後是視覺性的觀想，想像咒語的聲韻連結藥師佛的神聖琉璃光，祈請這宇宙聖潔的藍色光芒包圍著你。

 **小要點**

觀想阿彌陀佛的步驟

➡ 念誦梵音佛號 Amitabha
➡ 想像聲韻振動帶來的無量光芒
➡ 無量光芒溫暖地包覆著自己
➡ 讓自己安住在祈願之內

還要注意身體的感受，努力去感受琉璃光的慈悲能量，而非反覆單調地重複念誦名號。最後是安住，每一次念誦都要專注於一，讓宇宙聖藥療癒自己的病痛，讓身體與心靈轉換成健康狀態。這同樣是身（身體感受）、語（念誦佛號）、意（專心觀想）三個層面的全部開啟。

　　梵音佛號 Vaidurya Praba Rajaya 就是真言咒語，是下載宇宙智慧能量的通關密碼。

　　請牢牢記住阿彌陀佛與藥師如來的佛號，念誦時結合真誠的觀想，不斷地觀想無量光與琉璃光的包圍，很快地你的學佛過程就有大躍進。

小要點

觀想藥師如來的步驟

➡ 虔誠傾訴自己的身心苦惱

➡ 念誦梵音佛號 Vaidurya Praba Rajaya

➡ 想像聲韻振動帶來的藍色光芒

➡ 宇宙聖潔的藍色光芒包圍著自己

➡ 讓自己安住在祈願之內

19 觀照般若／文字般若 的力量

寫得太好了！

意識是我們使用大腦最重要的目的，有些人能將意識提升到很高的境界，是人類中極少數的智者與聖者。世界上不同宗教中的許多智者，都是人們內在成長的典範，也是全世界不同文明的心靈導師，其中之一就是佛陀。佛陀代表了東方重要的一位聖人、賢者，完美展現專屬於人類的特質，彰顯生命的存在意義。佛陀努力追尋生命的最高意義，並和宇宙智慧連結，最後成為佛教的創始者。

想一想舊石器時代的穴居人，我們會很感動於生命與文明的演進。人類的大腦能想出數學、哲學、藝術與更高的理性，甚至令人讚歎的量子力學。回想佛陀出生在兩千多年前貧窮艱困的印度，他的出現代表了只要我們擁有探索生命意義的渴望，都有機會發掘未知的力量。

量子科學認為意識是其中最奇妙的東西，是無窮無盡的，意識可以進化、擴展、隨時接收啟發。那麼佛教世界如何讓意識進化、擴展、隨時接收啟發呢？答案是神奇的「般若」（prajna），而且你我都擁有。

令人煩惱的文字名相

佛教世界裡有許多的「名相」，也就是佛教知識的專有名詞，它們經常讓佛教初學者感到修習上的重重辛苦，甚至會有挫折感，「般若」就是其中之一。即使是進入佛教領域很久的修習者，也依舊有這個困惱。其實，名相帶來的學習困擾是可以解決的。只要慢慢認識「梵音原意」，徹底理解，日積月累之後，在閱讀經文時就可以開展新視野，脫離古籍沉重的名相解譯，以新時代的理解，用自己的體悟去感受這些名相，而非死記古籍的詮釋方法。接下來，我們以「般若」為例，徹底了解梵語原意，

知道了之後，才能對應於日常生活，真正展開每一日的實踐。

由日常生活的 jna（知覺），走向 prajna（更高級的知覺）

「般若」是梵語 prajna 的音譯，中文應該念成「波惹」，而非「班若」。prajna 是 pra 與 jna 的組合字。先看 jna，它可以譯為「知覺、知識或了解」。而 pra 代表比較級，含有更高、更大、超過、超越的意思。因此，prajna 在字面上代表更深一層的「知覺、知識或了解」，我們可以說般若是「更高級的知覺能力」。

因此，「般若」這種更高階的知覺被視為證悟一切現象的真實性的智力，可以協助修行者達到涅槃的境界，脫離輪迴之苦。於是，我們在日常生活透由 jna 來知覺、知識或了解這個世界，然後再透由 prajna（般若）這個更高級的知覺能力來深入個人心靈世界，讓意識進化、擴展，隨時接收啟發。

這次終於懂了「般若」的意思

現在你已經認識了 prajna（般若）的原始意義，它們會出現在許多梵字組合體中，下次再遇見時，你必須想起最原始單純的意思。

這個代表更高級知覺能力的般若，可以分為三種層級。第一個是了解佛經語言文字上的智慧，這種是透由閱讀或聽講方式所獲得的知識，稱為「文字般若」（prajna of languages）。第二種般若是禪定冥想時啟發的智慧，稱為「觀照般若」（prajna of contemplative illumination）。第三種是體悟真理本質的智慧，它是終極智慧，是佛陀的智慧，稱為「實相般若」（prajna of the characteristics of actuality）。這三種般若就是接近宇宙智慧的三種知覺能力。

文字能量：世俗的真理，閱讀經文可以獲取的智慧

「經文」就是第一種文字般若，凡是佛所說的一切教法，或是佛弟子所說的一切言教，不論是聲教或文字所印刷的經典，都稱為文字般若。像是《藥師琉璃光如來本願功德經》、《佛說阿彌陀經》都是這一種形式的般若，也都是釋迦牟尼透由文字來協助我們獲取智慧的經典。所以，追求智慧的過程，一開始即是透由人類能夠理解的文字去認識這個世界的真理，也就是所謂的「世俗諦」（the conventional truth）。

觀照的能量：超越文字的真理，從禪定冥想體悟的智慧

第二種般若是禪定冥想時啟發的智慧，稱為「觀照般若」。這樣的般若超越了文字的學習，追尋另一種真諦，也就是宇宙真理，佛教稱這樣的真理為「勝義諦」（the ultimate truth）。「勝義」一詞的意思就是「超越文字義理」的描述，這樣的真理已經無法單純透由語言文字來描述了，通常必須透由禪定的方式來體會，也就是要延伸至「觀照般若」的學習。

所謂的觀照般若，是指觀察照見一切實相真理的智慧。在達到涅槃境界之前，一切法都不能離開觀照，觀照乃甚深的禪定功夫，其重要性可能勝過於閱讀經文。

要能達到佛陀的境界有不同的方法，一般都是先由「文字般若」開始，也就是接觸佛經，透過閱讀與誦念的方式領會經文的義理。在充分理解之後，再展開全新的觀照層面。此一階段是透過精神集中的冥想方式達到很高的精神意識，也就是「觀照般若」。在「文字般若」的築基下，進行「觀照般若」的修習，是穩健自在的方法。

優秀的法門：通往實相的路徑

觀照般若所獲得的智慧很難用語言來表達，但我們還是可以文字來描述觀照般若具體可行的法門，就是：禪定（意識）、觀想（圖像）、

持咒（聲韻），這是三個學習的多元連結，如果再點一炷香，那就形成分子生物學家約翰・麥迪納博士所說的視覺、聽覺、嗅覺的總結合，可以進入意識全面啟動的優秀狀態。

至於，點一炷香的宗教意涵與科學意義，請看前面的單元 13，是非常關鍵的誦經儀軌。修習者在文字般若與觀照般若持續交替的學習，就會慢慢靠近第三種般若相，那是佛教智慧的終極學習：實相般若。

實相般若存在於我們的心，每個人都有，那是指我們「與生俱來」的心性。只不過是大部分的我們都忘了而已，於是必須透由文字般若與觀照般若去將它喚醒。文字是「工具」，觀照是「手段」，實相是「目的」，這三種般若是整套的、一貫的。

所以，由文字般若，經過觀照，最後達到實相，就能夠到達彼岸獲取美好的智慧。之所以說那是美好的彼岸，主要是相對於煩惱的此岸。凡夫眾生還在「此岸」，解脫的聖者就是「彼岸」。要想達到這個境界，就必須要透過三種不同形式的般若。下個單元，讓我們更仔細說明觀照般若，它可以在每一天中輕鬆自在地進行，使人寂靜且祥和，自在喜悅。

小要點

文字般若 （工具）	⬌	觀照般若 （手段）	➡	實相般若 （目的）
瞭解佛經語言 文字上的智慧	⬌	❶ 禪定（意識） ❷ 觀想（圖像） ❸ 持咒（聲韻）		

20 探索並發覺大腦機制，啟動觀照般若

好喜歡這一篇！

觀照般若是文字般若與實相般若的橋樑

在達到涅槃境界之前，一切法都不能離開「觀照」，觀照乃甚深的禪定功夫。如前一單元所述，觀照的重要性可能甚過於經文的閱讀。要能達到佛陀的境界，一般是先由「文字般若」開始，在充分理解文字的知識之後，再展開一個全新的觀照層面，也就是禪定冥想。此階段是透過精神集中的靜坐方式，達到很高的精神意識，即是「觀照般若」。

從有意識分別的觀照，漸漸前往直觀的美好狀態

想認識觀照？那麼《心經》的第一段文字「觀自在菩薩，行深般若波羅蜜多時，照見五蘊皆空」是最佳的範例，描述的就是觀自在菩薩的觀照狀態。經文解釋是說，當觀自在菩薩的修行甚深如「般若波羅蜜多」的時候。般若波羅蜜多的「般若」是指「更高層面、更超越的知覺能力」，而「波羅蜜多」就是「到達彼岸」的意思。因此，「般若波羅蜜多」的意思是「透由更高層面的覺知能力到達彼岸」。

在佛教的概念中，此岸是凡常人的娑婆世界，充滿苦惱，是迷惘的世界、輪迴世界。而此岸相對的彼岸是聖者脫離輪迴之苦的世界，是證悟者的世界，是涅槃的世界。因此，「般若波羅蜜多」的深層意思是，般若（智慧）如船，能將眾生從生死的此岸，渡到不生不滅的涅槃彼岸。

觀照是學佛成道的重要途徑，是能否修持成就、「明心見性」的關鍵，明心是指照亮心識，見性是指觀見本質。此句「觀自在菩薩，行深般若

波羅蜜多時」的「行深」，已經是隱含著「甚深」的觀照般若，而且此刻觀自在菩薩已經進入證悟實相般若的「進行式」，在努力的過程中逐步達到完成式的實相般若。

照見五蘊皆空的「照見」，並不是單純的大腦神經的功能作用，那是由初始肉眼觀看，再超越第六意識的「分別觀想」，然後集中心力，不透由任何媒介「直接觀照」，這樣的觀照被稱為「直觀」，與觀自在菩薩的「觀」意思是相近的。自在的觀察如同直覺意識，無分別心，其實就是觀自在！

每個人都有直接觀照的超級能力，只是隨著年紀增長，我們漸漸失去這個能力。嬰兒的學習就是如此觀照，每個嬰兒是身心健康的最佳典範，純淨無汙。嬰兒身體裡的每個細胞都充滿了觀照的能量，每一天甚至每一刻，他們眼中的世界充滿無限驚喜，讓成人羨慕極了。以下來看看科學家如何描述嬰兒的大腦，非常有意思。

穿透事物的表象，看見事物的本質，讓心識清澈、清明

魯道夫‧譚茲博士是神經疾病的遺傳學專家，分離出世界上第一個阿茲海默症基因，後來陸續發現數個其他阿茲海默症基因，是「阿茲海默

 **小要點**

直接觀照的能力 ＝ 如同嬰兒般的學習方式

症基因計畫」的領導人。他是這樣描述嬰兒的大腦機制:「嬰兒不是被動的對環境做反應,而是透過觀察,主動地形成大腦的假設,也隨後驗證嬰兒自己的假設,最後得到自身實驗的結論;對於嬰兒來說,『發現』會帶來快樂,探索會創造出更多發現的需求,也讓人感受到更多的快樂。」

嬰兒的大腦機制讓我們想到佛教世界裡的西方阿彌陀佛擁有一種奇妙的智慧稱為「妙觀察智」(wisdom of unerring cognition)。英文的 unerring 意思是無誤的、正確的,cognition 即是《心經》中「無智亦無得」中的「智」,那是**「感官意識」(六識中的眼耳鼻舌身)加上「心理意識」(六識中的意),還有「直覺意識」,總共三種意識的總和**,所形成的一種神奇智慧。大部分人類的直覺意識能力,會隨著年紀增長而慢慢流失。

妙觀察智是一種強大的智慧能量,可以穿透事物的表象,看見事物的本質,讓心識清澈、清明。除了妙觀察智,還有許多宇宙智慧都必須透由直覺意識來連接。

但我們該怎麼做才能啟動那直覺意識呢?慢慢來,只要平日呼喚阿彌陀佛的無量光芒,或是藥師如來的純淨琉璃光,讓那光芒溫暖地包覆著我們,讓自己浸潤在祈願之內,讓喜悅與智慧得以進入我們的身體,慢慢吸收阿彌陀佛的妙觀察智或是藥師如來的琉璃智慧。這是透由佛、菩薩的「他力」,來喚起我們與生具備的「自力」——自我覺醒的能力。

靜靜地觀照自己的情緒,找回嬰兒時期的大腦能力

相較於大人已經失去觀照的能力,嬰兒可不會封閉自己或限制自己的意識探險。無論他們的大腦在昨天吸收了什麼,都會留下來,無分別心的對待。隔天,嬰兒繼續拓展新經驗,持續學習走路、說話,持續新的聯想與感覺。

譚茲博士在著作《超腦零極限：抗老化、救肥胖、解憂鬱，哈佛教授的大腦煉金術》（*Super Brain：Unleashing the Explosive Power of Your Mind to Maximize Health, Happiness, and Spiritual Well-being*）寫著：「我們天生擁有創造整體的能力，但是我們卻選擇了否定、壓抑、遺忘、粗心、選擇性記憶、個人偏見與舊習慣。這些影響都很難克服，其中一個原因是惰性。但是，除非你能重拾每個新生兒與生俱來的整體感，否則就無法感到平衡。」

惰性就像是成人的習氣，很容易進入否定、壓抑的情緒，而嬰兒喜愛探索，於是創造出更多發現的需求，也擁有更多的快樂，以及無分別心的喜悅。惰性是佛教世界修行過程中經常要面對的習氣，適當處理習氣，可以讓人在追尋智慧的過程中更加順暢。

這要如何做到呢？就是無「分別心」地對待遭遇的事與物，學習嬰兒每天醒來就繼續拓展新經驗的態度。這是二十一世紀譚茲博士的知識分享，仔細咀嚼他的文字，像不像兩千年前佛陀的教誨？

與自己溝通、保持內在平衡、看見事物的全貌：觀照般若

學習嬰兒吧，你自己也曾經是個純淨的小 Baby。點一炷香，進入自然幽靜的禪定世界，暫時遠離文字，虔誠念誦真言咒語，然後靜靜地觀照自己的情緒，對自己的情緒不要否定、壓抑，也不要遺忘、粗心或是選擇性記憶。

努力找回嬰兒時期大腦的能力，也就是譚茲博士描述嬰兒的三種能力：「不斷溝通、保持平衡、看見全貌」。嬰兒是不懂文字的，但懂得觀察，也就是超越文字語言的觀照。雖然我們不再是嬰兒，也可以學習慢慢由文字般若進入觀照般若，**暫且「遠離文字」，由有意識分別的觀照漸漸前往「直觀」的美好狀態**，練習與自己的心溝通，練習保持平衡，練習看

見全貌。

　　只要天天練習，哪怕只有十分鐘，日積月累學習安住在「專注於一」的直觀狀態之下，最後有機會透由般若波羅蜜多來證得「實相般若」，也就是親證般若的「本來面目」。

　　別忘記，每個人，包括你自己在內，都具備神聖的智慧火花，只要經過喚醒與培養，就能充分顯現個人在心靈層面與這個色身的成就。宗教上所謂的明心見性──親自見到佛性（buddha nature），就是實相般若的純淨狀態。

 **小要點**

如何進行觀照般若？

❶ 暫時遠離文字
❷ 念誦眞言咒語
❸ 靜靜觀照情緒

21 如何進行誦經儀軌？

誦經儀軌啟動我們的「思想意識」與「聲韻振動」

我們在前面的文章提到了「意識思想」與「聲韻振動」，這是量子科學最基礎、最根本的知識。然後是「宇宙萬物都由意識構成」、「萬事萬物時時刻刻都在振動」，這兩個概念已經築基出宇宙的真實相貌。最後是萬物彼此「相互」振動，也就是宇宙萬物彼此能量在振動下的相互影響。

上述的每一個概念都與量子科學息息相關，讓我們回顧西元 1900 年 12 月 14 日，這是人類物理科學發展史的關鍵日子。德國物理學家馬克斯・普朗克在一場物理學的學會會議上讓人們大開眼界，闡明了宇宙意識體——母體（Matrix）的神祕力量。而我們在念誦經文時，過程中綿密的儀軌的「思想意識」與「聲韻振動」，就是量子科學中意識能量的來源。

佛教的修行肯定離不開「思想意識」與「聲韻振動」這兩件事，這是誦經的關鍵，更是智慧能量的最佳啟動器。但如果只是日日重複念誦經文，沒有儀軌的輔助，難免會落入「有口無心」或是「精神散漫」的狀態。

誦經的終極目的是為了追求宇宙智慧，也就是開悟（enlightment）的美好境界。開悟可執行的線索就近在眼前，經常存在於我們的身旁，也是古人在習佛過程的經驗累積，這個被流傳下來的過程就是「儀軌」——進行的儀式與軌則。

儀軌不會花費太多時間，一旦熟悉後，一個完整的儀軌至多十分鐘，甚至更短。不過，時間長短不是關鍵，專注才是核心。儀軌可分為正式

進入經文前的「前行儀軌」與誦經結束之後的「後續儀軌」。

每一次念誦經文前，如果能認真執行誦經前的「前行儀軌」，將是一種美好的身心靈體驗。而唸完經文後，再執行誦經後的「後續儀軌」，以自在悠然的心進行誦經的「體悟與回味」，無需用力，簡單自在即可。

在長期進行「前行儀軌」之下，突然有一天你會清醒過來，在瞬間感受靈光乍現的美好狀態。你終於發現有機會去面對宇宙實相，也找到了更高階的覺識狀態存在的線索，這時的心智會變得警醒、活潑、有創造力。而誦經後的「後續儀軌」則是在進行心靈總複習。

「前行儀軌」六個儀式步驟

誦經前究竟有那些「前行儀軌」要好好進行，可以加速我們獲取智慧的機會？其實，寺院裡提供的「助印善書」，就幫我們貼心整理了傳統常見的儀軌。我們將在本書第二部分正式展開，仔細地分享每一個儀軌的深層意義。

誦經前的基礎儀軌大致如下：

1. 祈禱：〈爐香讚〉
念誦〈爐香讚〉，最好能夠再點一炷香。點香的目的是為了啟動嗅覺神奇的記憶力量。

2. 個人真言：〈淨口業、淨意業、淨身業真言〉
讓我們於內在心靈充滿自信、引動更好的覺知能力，以美好的身心狀態去進行清淨的佛事。

3. 空間真言：〈安土地真言〉，創造一個純淨的空間
安土地就是安穩這個土地能量的運作，可以幫助你在誦經時創造一

個純淨的神聖空間，隔離「表層」感官意識的外在干擾，也要讓自己遠離是非對錯二元世界所產生的「低頻思維」，也就是邏輯思維的干擾。

請注意！邏輯思考會影響到直覺意識的啟動。我們必須藉助清淨的空間的能量，來提高思維層次的意識活動與宇宙能量的引入，讓自己與宇宙智慧意識連結，在這空間裡除了文字語言的學習，還能連結宇宙的智慧能量，自然自在地喚醒每個人都有的直覺能量。

4. 宇宙真言：〈普供養真言〉，呼喚宇宙的供應能量

「普」意思是遍及一切，也就是遍及宇宙。「供養」就是提供生命能量的養分。〈普供養真言〉是心存感激，並請祈請宇宙天地提供養分。如此讓我們更謙卑，更懂得去感謝宇宙天地存在的神聖意識體，讓我們可以擁有樂觀、更善美的意識。

5. 願望：發願文

接著是開經前的〈發願文〉，提醒我們要有決心去體悟更高階的覺識狀態，並把渴望化為行動的能量，同時具備克服障礙的能力。

6. 感恩：開經偈

接著念誦〈開經偈〉之後，正式展開經文的喜悅路程，像是閱讀《佛說阿彌陀經》或是《藥師琉璃光如來功德本願經》都是經文的正式展開。

「後續儀軌」的六類儀式軌則

誦完經之後，功德圓滿，此刻透由「後續儀軌」完成兩件事：❶ 此經核心內容的總複習，通常是「偈」與「讚」兩種文體形式，❷ 迴向給宇宙天地的眾生，讓慈悲的能量如同所謂量子科學的意識振動下，傳遞

美好的正面意識能量到宇宙虛空，達到自覺覺他、自利利他的慈悲精神。

在「前行儀軌」方面，幾乎每部經都非常接近，例如《藥師經》與《佛說阿彌陀經》即是如此。而「後續儀軌」是該經念完之後的核心要義總複習，所以內容會隨著經文有所變動。我們將以結構完整的《藥師經》來進行說明，這是非常美好的經文，如果可以，請找機會好好學習這部神聖經典。

1. 經文「核心人物」的真言咒語
以《藥師經》為例，最重要的〈藥師灌頂真言〉通常會安置於後續儀軌的一開始。這是藥師如來最重要的真言咒語，被收編於十小咒之內。修習佛法的人有機會都要努力記住，此真言可以守護你的身、心、靈，開展更健康的軀體。

2. 經文「核心功能」輔助真言咒語
不同的經典有功能上的差異，以《藥師經》而言，解除病痛是重要的功能之一，所以有一個〈消解病咒真言〉來輔助本來經文就有的〈藥師灌頂真言〉。或是《金剛經》結束後的輔助真言是〈般若無盡藏真言〉與〈金剛心真言〉。

3. 經文「核心人物」的讚歎文字，通常是以偈或讚的形式
這部分是經文核心要義的回顧，以最少的文字提綱挈領，再次虔誠呼喚經中的核心人物。形式包括每句字數相同，總共四句型式的「偈」，像是〈藥師偈〉。此外，還有字數不一的〈藥師讚〉，後者的文字比較輕鬆自在，但功能是相近的。同樣的，念誦《金剛經》也會有〈金剛讚〉。

4. 經文「核心功德」的總整理，同樣是以偈或讚的形式表現
這部分也是包含經文的重點總整理，但重心放在該經的「實際功能」，也就是所謂的「功德」。以《藥師經》為例，重要功德之一是「解除恩怨」。由著名的十二藥叉前來協助修持者完成這份功德，這稱為〈解

冤偈〉。〈解冤偈〉是偈不是讚，所以每句字數固定，總共四句。

5. 三皈依

這是誦完經典之後，必定要能熟念的文字，目的是要讓「意識進化，持續擴展意識，隨時接收啟發更深層的意識」。這部分非常重要，我們在後文會有詳細的說明。

6. 迴向

整個過程符合量子力學的概念，也就是將虔誠的心念送向宇宙，既能提供「自身」解決問題的能量，也能轉化給相連結的「一切生命體」。迴向是大乘佛教的精髓，強調由自覺走向覺他，由自利進而利他。

22 千萬不可輕忽的儀軌步驟

充滿宇宙智慧能量的前行儀軌,一定要完成!

　　這是個競爭激烈的新時代,人們認真勤奮,花許多時間工作,辛苦地累積財富。但努力不懈的人們,總是忘記每天給自己一小段喘息的時間,經常忘了多疼愛自己一點。念誦經文的「儀軌」其實就是安穩心靈的一段程序,是一種疼惜自己心靈的美好享受,無須花費金錢,只需要一個寧靜的心。請慢慢練習在繁忙的日子裡,穩定自己的身心靈並清淨所存在的空間。誦經前只要「每次撥出十五分鐘」,甚至不到十五分鐘,即可充分享受屬於自己的寧靜片刻。

　　特別是「前行儀軌」,點一炷香靜靜地送上自己虔誠的請願,專注地善待自己疲憊的意識,再透由身、語、意三個真言進行個人的心智重整。即使還沒開始正式念誦經文,也可以在平靜祥和的片刻裡,好好地享受宇宙智慧的溫暖守護。就算你沒有時間念經,前行儀軌就「已經」能夠帶來充足的心靈能量。

進行前行儀軌時,你的心在哪裡呢?

　　進行「前行儀軌」之前,你的心在想什麼?心的作用為何?其實都不必探究,一切隨順自然就好,規規矩矩地依照程序進行,將大腦與小腦的活動暫時停止,在這儀軌中必定可以獲得寧靜舒暢的感受與境界。當身心疲勞時,像是雜念太多、心情不穩定,不妨安靜地進行前行儀軌,讓身體獲得修護,讓靈性受到涵養。

但是在進行儀軌時，無論是前行儀軌或後續儀軌，都有兩件事情必須注意，不可輕忽。

✖ 錯誤 1：念誦佛號時有口無心

誦經儀軌的目的是要能夠讓身、心、靈三位一體，進而開發出內在更高層次的潛能與智慧。千百年來，人們仿效聖者，希望透過禪定的方式，讓自己和這些聖人一樣能與宇宙生命能量和智慧接軌。雖然往往不得要領，但至少能讓身心平靜。不過，許多「長期接觸佛法」的信眾無法深層進入靈性的層次，改正的方式就是要有口有心、懂得佛號的意義、認識梵音佛號。

念誦時，請認真想著那些神聖意識體，認真祈請。請試著改變方式，靜下心來好好念誦，以專注的意識與虔誠的音韻結合宇宙的巨大能量。新時代的修行者可以考慮暫時「不要太在意念誦次數」。只要記得有口有心，一次又一次，絕對不輸給有口無心的數百次念誦佛號。有口有心才是專注，專注於意識的舉動在量子科學來說就是創造的行為。意識能夠進行創造！

✖ 錯誤 2：讓珍貴的儀軌流於形式

誦經持咒以及佛教儀軌的目的，是要開發出潛藏在人體的本能與心靈智慧，甚至要能超越時空，與宇宙智慧體融為一體，這就如同「天人合一」的境界。人類歷史上，許多宗教的創教教主，像是佛教的釋迦牟尼佛、基督教的耶穌基督或是伊斯蘭教的穆罕默德等，都是在禪定之後靈性超越時空，並且與宇宙完美結合，真正的「天人合一」。在他們得到內在心靈宇宙的大智慧與大生命力後，才促使了後續宗教的誕生。為了追尋聖者的腳步，不同宗教都有自己進行的儀式，擁有各自獨特的儀軌。

剛開始學習誦經儀軌時，不需強迫自己像僧院或寺廟的僧侶那般認

真精進，但至少每天固定撥出十五分鐘或半個小時。獨自待在一個空間裡，過程像是進入僧侶的小禪房一般，不受外在的干擾。關掉手機、闔上電腦，平靜而舒服地坐著，不妨考慮先利用〈安土地真言〉創造一個屬於自己的純淨空間。接著，慢慢開始一字一字咬字清楚地念誦咒語。這時候，你會一邊學習念咒，一邊努力思考咒字的意思，這是在獲取「文字般若」的學習階段。

為了不讓這些誦經儀軌流於形式，一旦能夠持續穩定的念誦時，接下來一定要開始想像真言咒語內容的景象或圖像，也就是將咒語內容具象化。如果遇到沒有文字意義的真言咒語，僅有單純聲韻的真言咒語，那就想像宇宙智慧能量正以光的形式源源不絕地灌注到自己身上。

從「有念」晉升到「無念」，進入美好的意識狀態

在熟悉念誦的儀軌文字之後，想辦法讓自己在每次進行儀軌時都能觀想到「相同的景象」，這樣才能增加對真言或儀軌文字的熟悉度與穩定度。這種視覺想像的能力稱為「觀想力」（visualization），主要目的是將誦經持咒中的含意予以「視覺化」或「具象化」。

我們再回憶一次大腦神經科學家譚茲博士的對「實相」的看法，他說：「必須透過下列管道才能建立，也就是用感官去察覺它（例如疼痛或愉悅）、用視覺畫面去想像它、用情緒去感受它或思考它。這樣的過濾隨時都在進行，卻神祕無比。」只要每次都讓自己浸潤在咒語真言充滿能量的音頻振動中，腦海中同時存在真言咒語所描述的心靈狀態。有一天，你會在某一個自然的狀態下，突然發現自己進入專注於一的美好境界。此時此刻對修行者而言是一個重要的轉變，因為意識將由「有念」轉入「無念」的狀態，這是更上一層的學習，你將悠然自在地進入「觀照般若」的新階段。

23 每次誦經時，一定要從頭到尾念完嗎？

現代人很繁忙，每天至少八個小時必須求學或是工作，除非經文像《佛說阿彌陀經》、《心經》那樣簡短，或是從《法華經》擷取的精簡單品《觀世音菩薩普門品》，凡常人才比較有機會一次誦完。如果是《金剛般若波羅蜜經》（簡稱《金剛經》）或是《藥師琉璃光如來本願功德經》，兩者相當冗長，就有點難度了。也許有些精進的修行者可以每天念完上述經文一次，甚至一日數次，這就讓人格外佩服，但並不容易。

不過，更重要的是把握住「有口有心」的逐字念誦，無論是《金剛經》或《藥師經》，都要誠心全意地進入經中的「美好狀態」的念誦方式，而非僅止於逐字念誦完畢。但是，這些經典的經文相當長，像是筆者如果「逐字用心體會」地念誦《藥師經》，即使非常熟悉經文，也經常超過一個小時，而且是在不被打擾的狀態下才有可能。當然，筆者過去可以快速念誦，也無漏字，前後根本不需要半個小時，而且一日進行數次。但是，筆者發現，以這種方式誦經時，心靈不夠深入，體悟也不夠精進，並不推薦如此趕進度的念誦方式。

可以分次誦完經文嗎？可以呀！
只要有清淨真實的念經態度

要完整且有口有心地誦讀一部經，對現代人而言是有難度的。於是有人會問，每次誦經時，一定要從頭到尾念完嗎？當然可以分章斷節！誦讀經文是為了追尋「內在」的自我，尋找意識的創造力與晉級的聰慧，也就是內在智慧的自我追尋；而「外在」經文的規範誦經次數，僅是彰顯於外的次數增加，未必與自己內在的學習有完全的關係。

請記得，我們念經持咒是為了與宇宙的智慧力量接軌。別為了念誦完畢而加速草草完成，然後內心感到孤寂又不安穩，悔恨自己的不夠虔誠，又延伸為無力的挫折感。只要你抓住以下的原則，帶著虔誠的心，隨著自己自在接受的步伐，就可以找到個人力量泉源的節奏。

前行儀軌可以專注於一，有口有心地輕鬆完成

原則一，「前行儀軌」只要熟悉之後，其實並不會花到很多時間，而且它的內容是至誠的發願與佛、菩薩的真言咒語，是一種運用神聖聲音、音節或充滿能量文字來禪修的工具。許多文明的宗教也會透過咒語來進行個人的心靈修練，同時也用來呼喚宇宙的智慧力量。

「前行儀軌」不多，有機會的話每天都可以完成，而且每一次的努力都在不斷強化與宇宙智慧接軌的能量強度。每一次的念誦就會累積自己的內在智慧，那能量是會存入你的身、心、靈之內，不會消失的。

如果時間不允許，主要經文可以分次誦完

原則二，正式經文是人類的文字語言，是大師們的文字紀錄或是先人努力記錄佛陀當時的智慧語言。經文具備人間智慧與覺醒智慧，如果真的無法一次念誦完畢，可以考慮分章斷節。依據自己的節奏，用心仔細地逐字念誦，無須追趕進度，無須貪快，避免慌亂，以達到安穩境態。明天繼續延續今天的經文尾端，踏實誦讀。

不過還有一個提醒，「讀經」是思維文字語言而體悟的智慧，「真言咒語」是透過音聲直接連通宇宙的智慧，兩者都是通往宇宙智慧缺一不可的方式。前者可考慮分章斷節，後者盡可能每次都完成。

後續儀軌盡可能完成，複習聖德前輩的精要心得

原則三，「後續儀軌」主要包含經文核心要義的總複習，還有完全對應的重要真言咒語。前文提過，經文是思維文字語言而體悟的「人間智慧」，真言咒語是透過音韻振動連通神聖意識體的「宇宙智慧」，兩者同樣重要。所以「後續儀軌」就兼顧了人間智慧（經文）與宇宙智慧（真言咒語），強烈推薦如果時間允許，還是要將這部分完成。

「後續儀軌」是每個經文的智慧總整理，不同經文有不同的後續儀軌。如果真的時間有限，無法全部念完，至少要完成〈迴向文〉。

根據量子科學，宇宙萬物相互連結，每個量子層面的光子可以產生強大的相互影響，彼此之間也會產生更龐大的能量連結，像個無限網路，網網相連。迴向功能就是如此，既能提供「自身」解決問題的能量，也能轉化給相連結的「一切生命體」。所以誦結束時，一定要「迴向」給宇宙一切生命體，讓自身的能量與宇宙一切生命體相互振動。

24 四種念佛方式：稱名、觀像、觀想、實相

很重要！

　　佛、菩薩是宇宙神聖的意識體，念佛就是連結這些善美宇宙能量的方法。千年以來，佛教系統總共累積了四種念佛的方式。在阿彌陀佛的信仰與修行發展上有完整的步驟，特別是在《佛說觀無量壽經》有著詳盡細膩的描述。

　　在大乘佛教的教義中，真實性只存在於心識所創造的焦點上。你的意識焦點將決定所產生的相狀。事實上，大乘佛教認為，有形世界與無形世界是所謂「主觀想像」（subjective imagination）意識模式下的產物。就意識的層面來說，量子科學的看法極為相近，認為儘管每個「經驗」對我們而言都非常真實，但惟有把注意力放在關注某物時所產生的感覺，某個可能的實相才會變成「真實」的經驗。

　　佛教古老思想的念佛，除了用詞略有不同外，聽起來和二十世紀的量子理論非常相似。一切量子科學的可能性中所有「有可為」與「不可為」者皆為真。「有可為」與「不可為」都是機率的存在，也唯有透過意識才能讓原本的機率落實在真實的物質世界，**量子力學對此有個專有名詞「坍塌」（collapse），由不確定、不可觀察的機率「坍塌」成一個可見的結果。**

　　這四種念佛方式分別是稱名念佛、觀像念佛、觀想念佛與實相念佛，雖然對象是阿彌陀佛，但適用於其他的佛與菩薩。無論哪種念佛方式，「意識」都是關鍵。「專注於一」更是四種念佛想達到的境態，這近似於量子科學所謂的主觀意識。「稱名念佛」是透由音韻振動完成，以聖號連結，是最單純的方法，沒有複雜的法門。「觀像念佛」與「觀想念佛」是透由形象與佛、菩薩接軌，也就是《藥師經》提及的「像法轉時」，是一種透由佛像來轉動佛法的修行法門。最後的「實相念佛」則是超越形象，進入無形無相的相應，是最深層面的念佛方式。

稱名念佛是透由佛號來啟動宇宙的智慧能量

稱名念佛就是念誦佛的名號，例如念誦「阿彌陀佛」、「藥師琉璃光如來」。簡單且圓融，任何人都可輕易上手。雖說以「漢字」念誦阿彌陀佛、藥師琉璃光如來，有著非常優質的功德，但若是能以祂們的「梵語」來念誦，如 Amitabha 與 Baisajya Guru Vaidurya Prabha Raja 發音，更容易啟動這個宇宙的神聖能量。別忘了，佛、菩薩的名號即是下載宇宙能量的通關密碼，發音越準確，產生的效果更佳。

稱名念佛在生命終尾時的意義更重要，若是能在沒有雜念的狀態下，專注持續念誦名號，阿彌陀佛或是藥師琉璃光如來就會顯現身形，然後由不同組合的八位菩薩接引到神聖純淨的空間，往西前往阿彌陀佛的淨土，往東則是前往藥師如來的淨琉璃世界。

具體形式的佛像是眾生與意識空間溝通的極佳橋樑

第二種是觀像念佛，觀像就是「請」一尊具體相狀的佛像，「面對」莊嚴的佛像專注念佛。佛像可以是立體形式的雕塑，也可以是平面的繪畫，像是西藏獨有的唐卡即是二度空間的繪畫。一面念佛，一面觀想阿彌陀佛相好莊嚴，非常容易進入專注的境態，面對藥師琉璃光如來也是如此。

在娑婆世界的物質空間，具體形式的佛像是眾生與意識空間溝通的極佳橋樑，這時的念佛方式即是同時啟動聽覺與視覺，達到「念佛三昧」的境態。「三昧」是梵語 samadhi 的音譯，又音譯為「三摩地」。三昧的意思是「專注於所緣境，而進入心不散亂」的狀態，達到「止」、「定」、「禪定」的境界。面對一尊佛像，特別容易進入心不散亂的境態。

在腦海中進行視覺化訓練的修行法門

　　觀想念佛是第三種念佛法門。觀想就是在腦海中觀想，不需要面對一尊「具體可見」的佛像。觀想念佛的法門比觀像念佛的難度更高。通常優秀的修行者會長年累積訓練觀想念佛，許多高僧大德都具備這種能力，這是在腦海進行視覺化訓練的修行法門。

　　《佛說觀無量壽經》裡，完整描述觀想念佛的程序，由第一觀開始，此觀是於心中想像西方日落，觀想到連「閉目」或是「開目」皆有落日歷歷在目。整個觀想過程總共有十六觀，所以此經又稱《十六觀經》。最後一觀是觀想生命旅程的終點獲得了佛、菩薩接引的情況。相對於不同的傳承系統，觀想念佛在藏傳佛教的訓練過程中格外注重。

由「有形有相」進入「無形無相」的念佛境態

　　最後的念佛形式是實相念佛，此時是觀佛的法身（dharma kaya），法身是佛陀所證驗的超越的真理，遍及整個法界。既然是佛陀的驗證，那麼意味著凡常人比較難以進入這個狀態。

　　實相念佛是去經驗一種「非有非空」的能量境態。因為超越了「有」與「無」的對立形式，所以稱為「非有非空」。非有非空的法身即是無形無相的身形。由觀想念佛走入實相念佛，就是由「有形有相」的念佛進入「無形無相」的念佛。

PART2

前行儀軌：
這樣誦經才有效

01 爐香讚！真誠願望的盛載器

> 爐香乍爇。法界蒙熏。
> 諸佛海會悉遙聞。
> 隨處結祥雲。
> 誠意方殷。諸佛現全身。
> 南無香雲蓋菩薩摩訶薩（三稱）
> 南無本師釋迦牟尼佛（三稱）

認識前行儀軌第一步驟〈爐香讚〉的文意

〈爐香讚〉是拜拜時透由爐香飄向天界，虔誠送出念誦者的祈願！此時香就好比願望的盛載器，像是天空飛行器，載送念誦者的願望到宇宙虛空。〈爐香讚〉是念誦經文的第一個儀軌，是前行儀軌的首要步驟，目的是喚起修行者的記憶。

如果每次誦經前都點上一炷香，在念誦〈爐香讚〉的那一剎那，意識會跳過「視丘」直達大腦，啟動情緒的回憶，讓心識迅速就定位，達到穩定平靜的狀態，可大大提升誦經的效果。所以，念經前請認真想著自己的願望，融入至誠的情緒，祈請「香雲蓋菩薩摩訶薩」將你的願望送到天界虛空。

「爐香乍爇。法界蒙熏。」

「乍」的意思是剛剛，「爇」意思是焚燒。爐香才剛剛焚燒，整個法界立刻充滿香熏。「法」是宇宙法則的運轉，變化無盡。「界」的意

思是空間的邊際。在宇宙運轉的邊際空間，充滿薰香。這一段說明了法界的意識能量迅速接收到來自娑婆世界的爐香訊息。

「諸佛海會悉遙聞。隨處結祥雲。」

諸佛齊聚在一起如同智慧大海，祂們知道也聽到了人們的祈請。諸佛是宇宙的神聖意識體，因為薰香而聽到娑婆世界人們的祈請。由於諸佛的智慧能量形式接近，乃至於聚集在一起，所以隨處結祥雲。以海（諸佛）與雲（吉祥）來描述智慧能量的凝聚，而且是隨處聚集，充滿吉祥的雲氣。

「誠意方殷。諸佛現全身。」

「殷」的意思是情意深重。惟有祈請者誠心意深，諸佛才會顯現全部的身形。諸佛是宇宙的神聖意識體，沒有具體形象。當祈請者的意識夠堅定，祂們才會由無形無相的能量轉變成人類可見的具象形式，「誠意」是關鍵。

「南無香雲蓋菩薩摩訶薩」

說明了香氣凝聚成雲蓋，香雲如蓋，進而擬化成具體形象的菩薩，成為協助人們祈願的菩薩。

「南無本師釋迦牟尼佛」

「本師」的意思是根本教師，佛教世界的本師是指釋迦牟尼佛。「南無」的意思是信任、依賴、皈依。

最後兩句祈請文的意思是：虔誠地信任依賴香雲蓋菩薩摩訶薩與釋迦牟尼佛。

〈爐香讚〉的關鍵角色：香雲蓋菩薩摩訶薩

　　〈爐香讚〉最重要的角色是香雲蓋菩薩摩訶薩，抽象的意識體被擬象化成為一位菩薩。人類的嗅覺是爐香的核心感官意識，於是有了〈爐香讚〉。在神經醫學上的研究，發現人類運用多重感官可以強化意識，其中視覺、聽覺與嗅覺是最重要的三大利器，但最容易被忽略的是嗅覺，而它卻是眼、耳、鼻、舌、身這五蘊中記憶效果最強的感官，點燃熏香就具備如此的效果。

　　嗅覺能夠輕易喚醒悠遠的記憶，這個概念在醫學上有個專有名詞稱為「普魯斯特效應」（Proust）。普魯斯特是指法國小說《追憶似水年華》的作者馬塞爾·普魯斯特（Marcel Proust）。在這本小說中，主角喝著茶，將一塊小蛋糕浸泡在茶中，隨之飄起的香氣喚起了非常久遠的童年記憶。當時這部小說太轟動了，之後科學家就以普魯斯特的名字做為嗅覺記憶效應的代名詞。

點一炷香，同時啟動「情緒」和「情緒記憶」

　　許多宗教的「薰香」與嗅覺之間同樣關係緊密。在神經醫學中，嗅覺記憶最特別出眾的原因是，當味道的分子進入鼻腔後，會接觸到嗅覺上皮層的神經元，然後嗅覺傳遞訊號「直接」上傳到大腦，完全「無需」經過視丘。至於其他的感官則都需要先經過視丘，才會和大腦連結，所以速度比較慢。

　　更奇妙的是，嗅覺直接刺激了杏仁核，而杏仁核是掌控「情緒」及「情緒記憶」的部位。視丘有時被稱為「腦的中樞」，意思是大腦系統的主導。但是，嗅覺不被視丘主導，而是自己直接傳達命令，成為刺激杏仁核區域最快的感官意識。

真誠發願，祈請宇宙神聖意識體，對佛、菩薩發出呼喚即是最真誠的情緒，這時候，點一炷香，就可以透過這個神聖氣味啟動「情緒」和大腦「情緒記憶」的部位。

發願！真誠的「情緒」是最佳的語言

人類最珍貴的傳統思想提醒我們，其實有一種語言可以用來和宇宙神聖意識體對話，這個語言就是情緒本身。情緒是來自於外在刺激或內在身心狀態所引發的喜、怒、哀、懼等個體的主觀感受，甚至生理的反應。在佛教領域，情緒就是將心願對佛、菩薩真誠表達的語言。這種發自情緒的語言就是「發願」，希望能去除憤怒、哀傷、恐懼或是帶來喜悅的願望！每個宗教的發願都是如此神聖。

情緒這種語言是內在的，並不需要以手或身體來表達的外在溝通訊號，更無須訴諸於文字。喜悅就是喜悅，哀傷就是哀傷，無論是中文、英文或是日文，字形不同，內在都相同。形式非常簡單，人人皆會，每天我們都運用在生活上——這是人類的「情緒語言」。

情緒感覺是用來與佛、菩薩對話的語言之一。發願時，要感覺「目標已經達成」，也要認為「已經得到回應」。「已經完成了」是發願的神祕鑰匙。這即是與佛、菩薩美妙的互動，如果你認為發願不會實現，那願望就不會實現了。信任佛、菩薩，相信佛、菩薩，就等同於相信宇宙，如此宇宙就會認真回應你的祈願。誦經前，點一炷香同時念誦〈爐香讚〉，認真發願祈請佛、菩薩，即是神聖且美好的情緒語言。所以，念誦〈爐香讚〉時，必須有虔誠真實的情緒。

量子科學如何看待心願呢？

量子理論認為，宇宙虛空不可見的領域中，充滿「可見」世界中的萬物，也包含「不可見」的事物。萬物形成的過程可能會發展成功，也可能會失敗，其結果將會共同串成一個緊密相連的宇宙，而成功與否最重要的是「意識與心念」，其中包括上述的情緒。

量子實驗同時證明了，生命體的情緒、信念、怒、恨、怨、愛、情、理等的非物質能量，都可以被投射到可見的實體物質，每個生命體的意識都能以宇宙萬物做為媒介，即使是小小的 DNA 也會產生影響（實驗內容請參考 PART 1 的單元 16）。

情緒可以超越人類語言的限制約束，因此，在誦經前請讓自己的心識先回到語言的源頭，用至誠的情感、情緒去連結宇宙神聖意識體。好好念誦〈爐香讚〉的文字，那是開啟經文的首要儀軌。這個前行儀軌做得好，一定會深刻影響到念誦經文的深度。

發自內心的讚，引動宇宙祥和的能量

〈爐香讚〉就是對爐燃起的「香」發出的讚語！讚（stotra）一字在梵語的意思是透由偈頌方式而讚歎佛陀的智慧能量。此讚的文字內容很生動，白話文的意思是：「爐中的香剛剛燃燒時，地球鄰近的十方世界已經熏著香氣。許許多多的佛都參加這場盛會，遠遠地就聞到香氣。香如同吉祥雲彩般隨處集結，此刻香氣帶來了美好的嗅覺，讓這個空間充滿吉祥的氣息，凝聚結成捲動的雲彩。不僅如此，香也會引動性質相近的智慧能量，讓宇宙神聖智慧能量聚集在一起，所以是隨處結祥雲，吉祥的能量如雲彩般地聚集在一起。」

無相的智慧能量轉變成有形有相

還記得第一部分提到的阿賴耶識（Alaya）嗎？阿賴耶識與香雲蓋菩薩摩訶薩是有關係的，也與量子力學某些概念非常相近。依據《唯識論》的概念，阿賴耶識是一個寶庫，裡面儲藏無數各類心識的種子，種子會不斷「成熟」，不斷輾轉變化，於是形成宇宙間的千萬現象。

我們該怎麼讓心願的種子發芽生長呢？答案就是〈爐香讚〉的「誠意方殷，諸佛現全身，南無香雲蓋菩薩摩訶薩」，這段文字的白話解釋是「以至誠恭敬之心，正在進入殷勤的情態中，諸佛就會顯現完全的身相」。

再次提醒，「誠意方殷，諸佛現全身」的關鍵，就在祈請者的意識，而此意識會引動宇宙物理的現象。什麼現象呢？就是諸佛現全身。

量子力學有個著名的「波粒二元論」是本書重要的觀點，請再複習一次。「波」代表能量的振動，「粒」代表實體的粒子。光可以是「肉眼無法觀察」的波能量的形式，但也可以是「肉眼可觀察」的粒子形式，可被觀察的光通常稱為「光子」。這個實驗後來也間接證明光的振動能量可以轉變成物質形式，實驗室間接證明其關鍵是意識。「誠意方殷，諸佛現全身」就是這個概念，誠意代表至誠的意識，諸佛現全身是能量轉變成實體物質的現象。

在著名的改良式雙縫實驗中，證明了「實驗操作者的意識」可以改變光所呈現的是波動形式的「光波」或是粒子形式的「光子」。實驗的結論是，操作的科學家的意識就影響了結果，因為在整個實驗過程中，科學家的身體完全沒碰到光。（相關實驗介紹，參見延伸學習的單元 02。）

02 純淨個人的真實語言：淨口業、淨意業、淨身業真言

恢復電腦與人腦有效率的運作

電腦或手機的記憶體一開始是純淨無污染的，系統也處於單純狀態，因此，我們剛拿到手裡開始使用時，執行速度快捷而有效率。而人的意識與身體，在孩童時期也如同新手機或電腦一樣簡單純淨。

當電腦長期使用之後就不一樣了，類似於身體累積過度操勞的運作。加上安裝過多軟體，就如同人在執行事務時的意念與話語，日積月累加入太多的分別意識。於是，人類的大腦就像電腦或是手機記憶體那樣，長期過度負擔，漸漸地運轉效率就降低了。智慧型手機受到影響的狀況特別明顯，沒幾年就需要被淘汰了。現代上班族拚搏生命的現象，相對於過去的工作者更是如此。

手機用沒幾年就會被淘汰，但我們的身體又不能淘汰，該怎麼辦呢？

清淨與淨化人體

手機在使用一段時間之後，就需要進行重整以提高效率，人的身體也是一樣，必須淨化。**如何重整淨化呢？這一點都不難，誦經「前行儀軌」的初始階段**——〈淨口業真言〉、〈淨意業真言〉與〈淨身業真言〉，正是超級有效的人體淨化程式，其功能就是讓我們的生命力恢復到純淨的初始狀態。進入正式經文前，透由持咒下載宇宙的清淨能力，這三個真言會讓身體、心靈與深層意識達到較為清淨的狀態。

這三個真言咒語分別可以淨化身體、語言、意念所製造的業（karma）。業有善美的，也有負面的。哪些是障礙有情眾生的業呢？殺生、偷盜是「身業」，惡言、妄語是「口業」，最嚴重的影響層面是意識中的貪、瞋、癡會創造出負面能量的「意業」。所有的業都會形成生命過程的障礙，我們統稱為「業障」。別擔心，這一切的業障就交給〈淨口業真言〉、〈淨意業真言〉與〈淨身業真言〉吧！

念誦經文前，一定要努力去感受這三股真言能量，以此降伏自己的罪業，同時也在獲得解脫清淨能量的洗滌之下重獲自由。隨後，我們會仔細一一分析這幾個威力強大的真言咒語。

時時刻刻的感恩

持咒祈願的關鍵之一是「時時刻刻感恩周遭發生的一切」，無論遭遇好事或壞事，感恩可以讓身體的正面能量快速匯集，「吸引力法則」就告訴了我們這股能量的善美。除了感恩之外，還要遠離負面思想，抱持正面思考，讓咒語祈願的效果達到更善美的狀態。

如果能誠摯地念誦咒語，不再有「語言思考與邏輯判斷」，全心全意、專注於一的念誦，超越語言的限制，讓心識回到語言的源頭——單純的聲音振動。這時，〈淨口業真言〉、〈淨意業真言〉、〈淨身業真言〉將會發揮它的功效，顯現進入語言思考之前的那個心，讓身心靈純淨，進入無污染的心識，就像剛出廠的電腦或智慧型手機，能夠快速執行。

感恩、正面思考，再加上**遠離邏輯思考判斷**，是念誦宇宙真言的最佳境態！

佛經上難以閱讀念誦的字詞

淨口業真言：嗡　修利修利　摩訶修利　修修利　娑婆訶

淨意業真言：嗡　縛日囉　怛訶賀斛

淨身業真言：嗡　修多利　修多利　修摩利　修摩利　娑婆訶

這三個真言在次序上是「口、意、身」，也有其他的排列方式，像是「身、口、意」，身與意互相對調，大致上這兩者都可以。

比較重要的是，傳統寺廟善書的那些漢字音譯咒字，有許多字是我們不會發音的。如果將之轉換成羅馬拼音，更符合現代人的閱讀習慣。若再將部分正字的意義「稍微」解釋一下，就能達到記憶與念誦過程的更佳效果。以下正式展開一系列的真言說明，**這些都是誦經前重要的「前行儀軌」。認真念誦與否，會影響到接下來的誦經成果。**

03 呼喚宇宙太陽的智慧能量：淨口業眞言

梵語漢字音譯：嗡　修利修利　摩訶修利　修修利　娑婆訶
梵文羅馬拼音轉寫：om　suri　suri　mahasuri　susuri　svaha

〈淨口業真言〉又稱為〈淨語業真言〉。佛教世界有許多真言，不見得每個梵語咒字都是人們可以理解的，幸運的是，〈淨口業真言〉的每個咒字都具備人類可以理解的意義，關鍵咒字是「太陽」與「智慧」。簡單的直譯是：

om（宇宙的音韻）　suri（太陽、智慧）　suri（太陽、智慧）
mahasuri（大太陽、大智慧）　susuri（太陽、智慧的疊字）
svaha（圓滿吉祥成就）

古印度的聖典《奧義書》（*Upanishads*）裡，記載了哲學、冥想與世界的本質，是研究印度神祕主義哲學的經典古籍。「奧義」原本的意思是「近坐」，坐近在導師前，面聆神祕玄奧的教義。奧義書記錄了〈淨口業真言〉的第一個咒字：om，這是宇宙的聲音，具有極大的能量，傳統音譯為「嗡」。om 聲韻是一種個人內在的體悟，此音韻的體悟可以摧破每個人的強烈執著——我執（ego）。當超越了個人，就可以自由自在、無所限制地與宇宙神性連結在一起。

以上是印度教對 om 的初始解釋，來到大乘佛教裡，om 有了不同的解釋。om 是至高無上的合一（oneness），象徵物質與精神合一，也就是「色空無二」的概念。色是實體物質，空是心靈能量。色空無二的意思是「色

不異空，空不異色」，物質與心靈並非對立的，彼此可以融合。此外，om 也是一切咒語的根本，所以在許多真言咒語之中，經常可見到 om 這個神聖的宇宙音韻。

充滿智慧的太陽能量 suri

接著是 suri suri mahasuri susuri 這四個咒字，其中呈現了〈淨口業真言〉最關鍵的咒字 suri，音譯為「修利」。suri 有「太陽」與「智慧」兩個意思。太陽是宇宙光芒，是宇宙能量的來源，同時也是智慧的轉換形式。「太陽」一詞的原始梵字是 suriya，其轉變形式為 suri，同時含有智慧的意思，而且還有一個意思是「酒」，這可能涉及到古代人類祭祀儀式的儀軌。

而 maha 經常音譯為「摩訶」，意思是「大、偉大」。經文中常見的「菩薩摩訶薩」一詞就是「大菩薩」的意思。所以，mahasuri 音譯為「摩訶修利」，意思是「大太陽」與「大智慧」。

再看 susuri 一字，它是 suri 的疊音字，重複音韻地呼喚太陽與智慧，藉此增強真言的力度。疊音字在真言咒語中是很常見的，目的就是加強能量。所以，suri suri mahasuri susuri 四個字圍繞在 suri 一字，非常順口且容易念誦，都是在呼喚太陽的能量與智慧。在瞭解每個梵字的意義之後，是不是比重複念誦「修利修利　摩訶修利　修修利」，更容易記住呢？

祝福的能量安穩，圓滿吉祥成就

最後是 svaha 這個咒字，此為佛經中經常使用的神聖咒字，傳統音譯為「娑婆訶」或「薩婆訶」，但真正的讀音較接近「斯瓦哈」。依據莫尼爾‧威廉斯（Monier Monier-Williams）所著的梵文字典，其翻譯是「Hail」或

「Hail to」，意思是「讚揚」、「向⋯⋯讚揚」，但另一個更接近原始意義的意思是「安置在一個狀態之下」或「讓能量處於充沛的狀態」。

所以，「娑婆訶」等同於「讓整個祈願與祝福放置在一個安穩的狀態中」，這是許多真言咒語最後的祝福與讚歎，祈請發出的咒語能量能夠安穩且圓滿充沛。

因此，〈淨口業真言〉的核心意義是熱烈讚歎「太陽、智慧」的偉大境態，也期盼這個祝福的能量安穩，能源源不止地淨化修行者的話語。此外，傳統的佛教經典對於這樣美好的狀態，經常翻譯成「圓滿吉祥的成就」，或直接音譯為「娑婆訶」。

遠離負面的詛咒，轉化成善美的祝福

〈淨口業真言〉只有六個咒字：om suri suri mahasuri susuri svaha，一點都不難。透由 suri（太陽與智慧）的能量來純淨我們的話語，增強隨後要繼續念誦的系列咒語的純淨度，讓持咒者說出口的真言具備「正面能量」，也讓修行者說出的話語可以成就他人，而這樣善美的好話可以讓周遭的人們一起往上努力。

宇宙的能量是非常平衡的，當我們發射出正面的話語能量，它不會消失於宇宙之間，**必定會有相等的力量回來給我們**。透由〈淨口業真言〉，我們便可以遠離詛咒的負面能量，停止惡毒的詛罵言語，轉換為讚美的話語。同時，衷心觀看他人的優點，而美好誠摯的話語就是祝福，進而以祝福的能量取代詛咒的能量，善業取代惡業，創造善美的口業。

04 堅定且慈悲的能量：
淨意業眞言

梵語漢字音譯：嗡　縛日囉　怛訶賀斛
梵文羅馬拼音轉寫：om　vajra　dahaha　hoh

　　在純淨了自己的口業之後，接著是純淨自己的意念，也就是〈淨意業真言〉的學習。人是宇宙萬物的一分子，人類的大腦隨著思考，向外傳送出心智的能量，這能量就是生命存在的本質。也就是說，不論心識意念或咒語音頻，都能產生巨大能量，讓個人與宇宙的智慧體得以接軌。心念要純淨溫柔，最美好的溫柔就是慈悲，而且是堅定的慈悲。慈悲可以連結宇宙萬物，是非常善美的能量。

　　〈淨意業真言〉「主要是」人類可理解的咒字，與「些許」超越文字語言所能描述的咒字，溫柔的「慈悲」與堅定的「金剛」是涵藏於其中的美好能量。簡單的直譯是：

om（宇宙的音韻）　vajra（金剛、雷電、慈悲）
da（無法翻譯的宇宙音韻）　haha　hoh（內在喜樂聲音）

vajra 是最重要的咒字！

　　首先是 om，如前所說是宇宙的聲音，具有極大的能量，是一切咒語的根本。第二個字 vajra，可說是咒字中的咒字，真言中的真言，一定要學會。vajra 在佛經中傳統音譯為「縛日囉」，其他不同的音譯還有：伐折羅、斫迦羅，閱讀經文時可以聯想對比。vajra 原始梵文的真正意思是「金

剛、雷電」，同時引申為心識覺醒的能量。金剛即是金剛鑽或鑽石。此外，同時在密乘中，vajra 具備「慈悲」與「宇宙陽性能量」的象徵。vajra 是一個經常可見的咒字，非常重要，請務必好好記住！

波粒二元論與鑽石雷電

我們可以透由量子力學的「波粒二元論」繼續仔細分析 vajra。vajra 念成「瓦吉拉」，意譯為「金剛」。第一個意思是「金剛鑽」或「鑽石」，鑽石是地球上最剛硬的物質，是實體可握的寶石。第二個意思是「雷電」，傳統意譯翻譯成「霹靂」，雷電是天空瞬間爆發的強大力量。

就波粒二元論而言，vajra 是最佳的詮釋範例，它可以是能量的波動形式──雷電（thunder），也可以是粒子形式的鑽石（diamond）。前者是能量形式的波，後者是物質形式的粒子。vajra 既是地球天空最強大的能量（閃電），同時也是地面最堅硬的物質（鑽石），同時具備天體能量與地球物質等兩種型態。所以，vajra 的這個咒字可以引動我們所居住的娑婆世界最強大、最堅固的能量。

宇宙的陽性法則，引動慈悲的能量

藏傳佛教的金剛乘（Vajra Vehicle）屬於大乘佛教系統，是特別強調咒語的。這個系統又稱為密宗，達賴喇嘛十四世即是金剛乘重要的宗教導師之一。讀者有沒有發現金剛乘就採用了 vajra 這個梵字？在藏傳佛教中，重要的法器「金剛杵」也叫做 vajra，所象徵的意義是慈悲的能量，又因為其器形結構的關係，代表了宇宙的陽性法則。因此，法器「金剛杵」（vajra）是具備「慈悲」與「宇宙陽性能量」的雙重象徵。

〈淨意業真言〉呼喚了宇宙的慈悲能量，是非常偉大的力量！

順便一提，法器「金剛鈴」（ghanta）與金剛杵成對。金剛鈴是具備「智慧」與「宇宙陰性能量」的雙重象徵，與金剛杵相呼應。不過，在〈淨意業真言〉中沒有 ghanta 這個咒字。

內在喜樂聲音自然表達

dahahahoh 這個咒字，會因為拆解的方式不同，形成不同的解釋方式。dahaha 的梵語意義不詳，但在阿拉伯語中的意思是「蛋的形狀」。如果抽取 daha 一字，它的意思是「燃燒、大熱」。而 hoh 意思是「高」，這個字屬於印歐語系字根。

第二個拆解方式比較常見。將 dahaha hoh 斷字成 da-haha hoh，da 之後的 haha hoh 是「內在喜樂聲音自然表達」。

haha hoh 是常見神聖的咒語，出現在金剛乘相當著名的〈百字明〉中。漢傳佛教最普遍的佛教典籍應該是《心經》，藏傳佛教則是〈百字明〉。「明」的意思是「智慧、知識」，其相反詞為無知、無明。〈百字明〉就是

 **小要點**

金剛杵 vajra	⬌	金剛鈴 ghanta
男性器形	⬌	女性器形
慈悲	⬌	智慧
宇宙陽性能量	⬌	宇宙陰性能量

透由一百個咒字來啟動智慧。〈百字明〉中提及了 haha hoh，一般的解釋與內心漸進式的四種喜樂有關，分別是喜（Joy）、勝喜（Supreme Joy）、極喜（Special Joy）與俱生喜（Innate Joy）。四種強度逐漸增加的喜悅，最後的俱生喜是生命體「與生俱來」的喜悅。這個著名的〈百字明〉，被視為藏傳佛教的第一咒，是本初佛金剛薩埵（Vajrastttva）最重要的咒語。雖然在印歐語系與金剛乘對 haha hoh 有不同的解釋，但通常會選擇〈百字明〉中的解釋方式，也就是「內在喜樂聲音自然表達」。

呼喚宇宙慈悲的能量，引動內在自然的喜樂

在學習咒語的過程中，對於古梵字，學者並非能解開每一個咒字。有些咒字沒有意義，是宇宙虛空中存在的能量，主要是透由念誦時的聲韻振動，繼而形成振動能量，再和宇宙神聖智慧體連結，這一點與量子力學的說法吻合。

量子力學認為，宇宙萬物經過振動而產生了能量。〈淨意業真言〉中，除了 vajra 很明確是「金剛（鑽石）、雷電」外，om 與 dahaha hoh 都可以歸類為宇宙音韻振動所產生的能量。

這裡做個總結，om 是宇宙的音韻，vajra 解譯成「金剛、雷電與慈悲」，da 是無法翻譯的宇宙音韻，最後的 haha hoh 是「內在自然喜樂聲音」。所以，〈淨意業真言〉呼喚了宇宙慈悲的能量，純淨了修行者的意念，使其產生內在自然喜樂的聲音。更重要的是，這股慈悲能量具備鑽石般的堅固不可摧與雷電強烈的霹靂特質。〈淨意業真言〉真是一個既堅定又慈悲的真言咒語！

補充說明一點，無論是 ha 或 hoh，都是經常出現的咒字，除了無意義、喜氣的解釋之外，還有「加強語氣」與「種子字」的說法。如果你曾接觸藏傳佛教，提到 ha 與 hoh 這兩個咒字，大致上都是這樣的解釋。

05 超越文字語言的宇宙聲韻： 淨身業眞言

　　大部分的咒語是可以理解的，但是〈淨身業真言〉是少數透由音韻的原始振動，完全無法透由文字語言翻譯其義的咒語。念誦〈淨身業真言〉時，無須思考，就讓身體隨著音韻的振動與宇宙智慧接軌。

梵語漢字音譯：嗡　修多利　修多利　修摩利　修摩利　娑婆訶
梵文羅馬拼音轉寫：om　sutari　sutari　sumari　sumari　svaha
簡單直譯：無！（純粹是宇宙聲韻的振動，無法翻譯。）

直接單純，超越邏輯思考的咒語

　　咒語所「引發」的能量，包含「受啟發的行動」（他力）與「直覺感受」（自力）等兩種面向。「受啟發的行動」在宗教上稱為「天啟」（Apocalypse），意思是透過上天的啟動，或是宇宙天地能量的啟發。天啟是直接的、單純的。這時，念誦咒語是一種未經邏輯思考的意識，心念上比較接近「直覺感受」，那是禪定冥想的一個過程。這時的禪定狀態須心靈意識專注於一，遠離大腦心智的邏輯思維，完全不去思考，才能啟動這樣的直覺智慧。

　　〈淨身業真言〉就是這類型的咒語，是由天地宇宙振動的聲韻來啟動人類的身體，所以沒有任何文字語言可以描述〈淨身業真言〉。有人認為無意義的真言咒語可能是經久失傳了本來的意涵，或是從一開始就沒有意義。還有一種說法是，這類真言是瑜伽行者在專心修行時，自然而然發出的聲音。修行者在無意識狀態或是無我境態中所發展出的語言，或許就是佛、菩薩或是諸天的啟示，是一種神祕的語言。

在 om 與 svaha 之間的標準格式，記住它！

我們再次複習一下最標準的咒語格式：om 與 svaha，〈淨身業真言〉就是這類型的咒語。首字 om 與最末尾的 svaha，就如同一具宇宙飛行器的前後結構。om 是機首，瞄準方向與目標，而 svaha 是引擎助燃器，推動整組真言咒語。

所以，在 om 與 svaha 之間安置的是核心咒語：sutari sutari sumari sumari。因為它們沒有意義，只需要心靈意識專注於一，遠離大腦心智的邏輯思維，完全不去思考地直接念誦，就有機會啟動這樣的直覺智慧。

以下是純淨人體的三種咒語的比較，〈淨口業真言〉與〈淨身業真言〉都符合標準形式，〈淨身業真言〉只有 om 這個宇宙巨大能量的音韻，少了 svaha。

淨口業真言：om　suri　suri　mahasuri　susuri　svaha
淨意業真言：om　vajra　dahaha　hoh
淨意業真言：om　sutari　sutari　sumari　sumari　svaha

〈淨身業真言〉裝載的核心音韻是「修多利　修多利　修摩利　修摩利」，更準確的發音是羅馬拼字：sutari sutari sumari sumari，羅馬拼字音韻簡單清楚，容易記憶。

無論是在念誦《藥師琉璃光如來本願功德經》或是《佛說阿彌陀經》之前，我們都需要透過這些神聖咒語來清淨身體。

06 創造一個純淨的神聖空間：安土地眞言

　　在前三個真言讓誦經者的身體、言語、意識都達到純淨的狀態之後，接著要進行淨化環境的儀式。方法是透由真言創造一個純淨的空間，也就是「結界」。這個真言就是〈安土地真言〉，有了純淨的空間，就能夠更專心地連結到宇宙神聖的智慧體。

　　筆者強力推薦大家學會本單元的〈安土地真言〉，因為這個充滿能量的真言可以運用在辦公室、居家、書房或禪房。請記得，神聖空間無需刻意努力，隨時隨地就能創造出來。例如，利用工作午休時間專注持咒十分鐘，便能讓身心靈得以靜息、放鬆，增加工作的續航力。下班後，可以選擇剛回到家或在睡前撥出小小的時間。即使獨自一人在書房或臥房一個角落，全心念誦〈安土地真言〉，專注持咒十分鐘，就能重整身心狀態，補給能量。

梵語漢字音譯：南無三滿多　母馱喃　唵　度嚕度嚕　地尾　娑婆訶
梵文羅馬拼音轉寫：nama　samanta　buddhanam
　　　　　　　　　om　dhuru　dhuru　prthiviye　svaha

安土地就是結界，創造純淨空間的能量場

　　「結界」的意思，就是創造神聖純淨的空間。如何結界？如何創造神聖空間？很簡單，只要念誦〈安土地真言〉即可。所謂的神聖空間，是一種具隱喻性的抽象場域，心識能在此進行神聖而奧祕的心靈活動，通常是由個人意識所存在的物質空間，「連結或轉化」到超越時空的一個

宇宙場域。

　　這個奇妙的〈安土地真言〉可以淨化修行場域，讓念誦者完全不受打擾，全心全意下載宇宙的智慧能量，進而提升個人的心靈意識。在學習之前，我們先學習兩個佛教經典的結界過程。

《金剛經》的結界！印度波斯匿王的林園

　　在《金剛般若波羅密多經》經首，釋迦牟尼佛為聽眾結界，地點是在舍衛國（Shravasti）的祇樹給孤獨園（Anathapindika's Park）。其實祇樹並不只是一棵樹，而是整片樹林，是印度波斯匿王兒子的園林。

　　園林！這剛好符合「結界」梵語的原始意涵，意義是「建造一個伽藍」（samgharama），更清楚的意思是：為寺院的僧眾建立一個淨美的園林（arama），讓修行者在此空間能夠安穩地學習佛陀的智慧。梵語samgharama的意思就是「僧侶的林園」，佛經中常見的音譯是「伽藍」，而後成為寺院道場的通稱。

《藥師經》也有結界，古代印度廣嚴城的樂音樹下

　　佛陀在講說每一本經典時，一開始都有個「法會因由」段落，敘述說法的空間與參與的人物。除此之外，這部分其實包含了世尊為聽講的弟子或是閱讀經文的人們進行結界，等同於他為大家創造一個美麗的園林，保護所有眾生在此純淨能量場一起求取智慧。同樣地《藥師琉璃光如來本願功德經》開始的第一段文字也是淨美的結界過程：

　　　如是我聞：一時，薄伽梵遊化諸國，至廣嚴城，住樂音樹下

與大苾芻眾八千人俱；菩薩摩訶薩三萬六千

及國王、大臣、婆羅門、居士、天龍八部、人、非人等

無量大眾，恭敬圍繞，而為說法

這段經文的意思是薄伽梵（世尊，這裡是指釋迦牟尼佛）遊化諸國，來到一個美好的城市廣嚴城。「廣嚴」是印度梵語 Vaishali 的意譯，意思是廣大、莊嚴，象徵這是個廣大且莊嚴的神聖空間。Vaishali 又音譯為毗舍離、吠舍離，是釋迦牟尼時代印度著名的大城市。古代的廣嚴城就如同現代的紐約或東京，是世界重要的城市，大乘佛教中著名的維摩詰居士就住在這個城市。

佛陀來到廣嚴城這個神聖的城市，選了一棵「樂音樹」，在此樹下講經說法。經文寫著，當微風吹動樹葉，這些樹會發出音樂，此乃美麗音韻的生動形容。樂音代表美麗音律的振動，而在量子力學的概念下，「只要有頻率就可以產生能量」，**因此佛陀透由樂音樹將法（dharma）的能量傳遞到整個地球甚至宇宙虛空。**

樂音樹等同於佛法的傳播工具！

在娑婆世界有出家的八千多位大苾芻（比丘，bhiksu）來聽佛陀講說《藥師經》。除了人類之外，還有宇宙虛空的神聖意識體被這樂音樹的說法能量所吸引，總共有三萬六千位菩薩摩訶薩（大菩薩）降臨，佛陀真是魅力無窮。此外，還有在家的印度政治領導者（王、大臣、婆羅門）與智者（居士）一起前來聽課。活動於地球山林且具備超凡能力的自然界意識體，也前來守護這個空間。

以《藥師經》而言，整部經文的一開始就是世尊為聽眾結界。釋迦牟尼佛不僅呼喚了三萬六千個宇宙神聖的智慧能量，同時也啟動地球的意識能量天龍八部，創造一個純淨的神聖空間，保護眾生可以安心地在「樂音樹」底下聽佛陀講經。

整個過程是佛陀為大家安土地，在幫大家結界！不只是《藥師經》，每部重要的佛教經典幾乎都有這美好的能量匯聚！

讓我們也來為自己結界、安土地

現在我們讀經時，雖然釋尊不在身旁，但經文的一開始有他守護眾生的慈悲能量，釋尊透由經文來協助誦經者下載宇宙的智慧能量。所以，經文一開始看似是固定形式，卻應該好好專注念誦，虔誠慎重地進行神聖的結界，不宜草率念誦這個法會因由。

除此之外，誦經前，我們還可透由強大的〈安土地真言〉來呼喚宇宙諸佛來守護念經的這個空間，這是結界的加強版，內容如下：

梵語漢字音譯：南無三滿多　母馱喃　唵　度嚕度嚕　地尾　娑婆訶
梵文羅馬拼音轉寫：nama　samanta　buddhanam
　　　　　　　　　　om　dhuru　dhuru　prthiviye　svaha

目的是為了創造一個純淨的空間，在此專心修習佛教經典，簡單的直譯是：

nama（皈依）　samanta（一切）　buddhanam（諸佛）
om（宇宙的音韻）　dhuru（自由、解脫）　dhuru（自由、解脫）
prthiviye（大地之神）　svaha（圓滿吉祥成就）

第一階段，呼喚宇宙虛空的能量，祈請所有神聖智慧體來保護！

「南無」（nama）是很重要的咒語，也是威力強大的咒字，它所涵藏的意義至少包含「禮敬、歸敬與皈依」三個層面。此咒字代表虔誠禮敬、歸敬皈依宇宙神聖意識體，對象是諸佛。接著是三滿多（samanta）·母馱喃（buddhanam），samanta 的意思是「一切」，buddhanam 的意思是「諸佛」，與佛陀（buddha）的字詞根同源，是複數的 buddha。所以，此真言一開始虔誠禮敬、歸敬、皈依一群宇宙神聖意識體──「諸佛」。

請記得，持咒並不是單調地重複念誦就行了，最重要的關鍵是感覺，就像時下流行語，要有 fu。南無（nama）能帶動感覺的情緒，讓自己五體投地、專注念誦，努力去感覺一切諸佛（三滿多母馱喃）的來到。

第二階段，呼喚地球的能量，祈請大地之神，追尋自由、解脫

〈安土地真言〉的第二階段是呼喚地球存在的大自然能量，祈請這塊大地達到純淨安穩的狀態。每個人都生存於這塊土地之上，顯見大地之神（Prthiviye）是地球最重要的角色之一，據說她是一位印度美麗的女神。

佛經記載釋迦牟尼在禪定過程曾經面臨魔羅（Mara）三位女兒的誘惑，釋尊成功克服了這個挑戰，而當時大地女神是重要的見證角色。因為釋尊需要堅定穩固的能量來抵擋三位女孩的誘惑，於是他右手指向大地，這是著名的降魔印或稱「觸地印」（bhumisparsha），以此手印召喚這位美麗的女神，請她來見證釋尊決心成佛的堅定。

這位美麗女神的名字就是 Prthiviye，其梵字原形是 prthivi，梵文音譯「比里底毗」。prthiviye 最原始的意思是「堅固如大地」，文字上的意義可對應釋尊決心成佛的堅定，無畏魔羅女兒情慾的誘惑。簡而言之，「嗡　度嚕度嚕　地尾　娑婆訶」就是呼喚地神的咒語。

〈安土地真言〉是呼喚大地之神 Prthiviye，讓這個大地達到自在解脫的境態，同時女神 Prthiviye 會保護大地與地上萬物免於災害。大地女神在形象上通常被塑造成身形姣好的美女，左手持盛滿鮮花的缽或穀穗，以豐滿美麗的身軀象徵大地萬物繁榮豐富。不只是印度，許多民族的大地之神都是身形豐滿的美麗女神。

如前所述，om 與 svaha 就如同一具宇宙飛行器的前後結構。om 是機首，瞄準目標，而 svaha 是引擎助燃器，推動整組「結合式」的咒語。首尾之間就是承載的咒文主體「度嚕度嚕　地尾」。只要清楚記住「度嚕」與「地尾」的梵語原意，就能抓住這個咒語的核心要義。度嚕（dhuru）的意思是解脫、自由，解脫被禁錮在貪、瞋、痴迷霧中的身心靈。地尾（prthiviye）是土地之神，有些版本會簡化成「天神」（devi）一詞。

隨時、隨地、隨處，都可以創造純淨的空間

所以，〈安土地真言〉就是祈請一切諸佛解放這塊大地，讓在這個空間裡念誦經文的修行者能專注安穩，也虔誠地對大地之神表達恭敬之意。《藥師經》的開啟，是釋迦牟尼佛為當時所有聽講的弟子們，於廣嚴城的樂音樹下建立純淨神聖的意識空間。而此刻，我們也可以透由〈安土地真言〉來安穩個人念經的空間，無論是自己的書房或是參拜的寺廟空間都可獲得平靜、純淨。

剛開始要進入寧靜的身心狀態並不容易，但隨著日積月累的練習，將會越來越快進入身心安靜的狀態。任何時間都可以善加利用，像是每天上下班搭乘捷運或公車時，只要誠摯念誦：nama samanta buddhanam om dhuru dhuru prthiviye svaha，在擁擠的人群之中照樣可以創造自己神聖的意識空間。總之，念咒可以輕鬆自在，也可以深層嚴肅；而念咒的地點，不論在公司或在家裡，甚至捷運車廂裡都行。

07 下載永不窮竭的宇宙能量：普供養眞言

請虛空藏這個神聖智慧體來幫我們

在〈安土地眞言〉之後，〈普供養眞言〉是敬天的眞言。這是從〈安土地眞言〉對「地球土地」的祈請，轉為〈普供養眞言〉對「宇宙虛空」的誠敬，持續懷抱著對天地自然界的感激與尊敬，展開對宇宙虛空虔誠的供養。

〈普供養眞言〉在意義上是由個人修行的純淨空間連結到宇宙虛空。咒語內容的讚歎詞是：虛空（gagana）如同金剛鑽（vajra）般的堅毅與崇高，而其能量源自於「虛空藏菩薩」（Akasagarbha）豐沛的能源。虛空藏菩薩是一個宇宙虛空源源不盡的能量空間，充滿供養寶藏的神聖意識體。由祂連結而成的〈普供養眞言〉是尊敬宇宙能量的生成、生起（sambhava），持咒者誠摯地讚歎宇宙虛空的誕生，如此宇宙將會回應更多的生命能量。

梵語漢字音譯：唵　誐誐曩　三婆縛　伐日囉　斛
梵文羅馬拼音轉寫：om　gagana　sambhava　vajra　hoh
簡單直譯：om（宇宙音韻）　gagana（虛空）
sambhava（生起）　vajra（慈悲、鑽石、雷電）
hoh（高）

物質層面的供養，啟動人類清淨的感官意識

供養有不同形式，〈普供養真言〉是宇宙虛空的能量供養，是最神聖、最純粹的層面。我們先來認識佛院寺廟在法會儀式的物質供養，稍後再來談普供養的虛空能量。法會儀式層面的供養，通常與五蘊感官中的嗅覺、味覺和視覺有著密切的連結，傳統上是以「香、花、水、果、燈」為主。其中以點燈最具代表性，供養燈求得的是光明，例如《藥師經》期盼連結藥師佛的「琉璃光」、日光菩薩遍照的「日光」與月光遍照菩薩的「月光」。

無論琉璃光、日光或是月光都是宇宙的神聖光能。而「香、花、水、果、燈」中的「燈」，不是單純物質上燈的光，而是用來引動宇宙智慧之光，所以供養燈主要是求取宇宙智慧能量，這是宗教儀式物質供養的深層意義。我們可以透由宗教儀式去認真呼喚藥師琉璃光如來，進入宇宙東方神聖密境淨琉璃世界，一起認識藥師如來的智慧，也一起認識月光菩薩與日光菩薩，進而由發願、祈請、懺悔而認識自己的內在層面。

心靈層面的供養，擴及宇宙虛空的生命體

此外，也有心靈層面的供養，供養佛、法、僧三寶，這不再是上述寺廟宗教儀式的「物質供養」，而是以「法身層面」的能量。這種形式的供養更接近宇宙虛空的智慧能量，是純粹高層次意識的供養。〈普供養真言〉即是法身層面的精神供養！此真言以「虛空藏菩薩」散發的神奇能量，去供養整個宇宙虛空的意識體，供養的對象沒有限制，不僅包含佛、菩薩等神聖意識體，也包括人類與其他具備意識的生命體。

傳統經文上的〈普供養真言〉寫著「嗡　誐誐曩　三婆縛　伐日囉斛」，是很難讀念的佛化漢字，但若轉換成羅馬拼音，就比較容易記住。

此咒又有〈大虛空藏普供養真言〉、〈大虛空藏菩薩真言〉、〈虛空藏菩薩真言〉、〈虛空菩薩普供養真言〉等不同的名稱，都點出了能量的核心是來自於「虛空藏」。

咒語的內容是透由神聖意識體「虛空藏菩薩」的神奇能量來供養整個宇宙天地，它可以產生無量「供具、飲食、宮殿、衣物」等一切神奇珍寶，而且這些珍寶超越人類世俗間的寶物，可以無限量產生，如金剛（vajra）就是堅實無限的心靈寶物。

以下先轉換成羅馬拼音，比較適合這個新時代的人們念誦：

梵語漢字音譯：唵　誐誐曩　三婆縛　伐日囉　斛
梵文羅馬拼音轉寫：om　gagana　sambhava　vajra　hoh

唵（om）是宇宙的聲音，具有極大的能量。誐誐曩（gagana）是代表宇宙虛空。三婆縛（sambhava）是常見的咒語，一定牢記在心，意思是「產生、創造與維持」，此咒字能量威猛強大。伐日囉（vajra）亦見於〈淨意業真言〉中，意思是金剛（鑽石）、雷電，還可以引申為心識覺醒的能量，同時具備「慈悲」與「宇宙陽性能量」的象徵，請讀者一定要記住。

最後的「斛」（hoh）是印歐語系字根，意思是「高」，在此意味著能量的高！

宇宙的聲音（om）、虛空（gagana）、創造維持（sambhava）、雷電鑽石（vajra）與高（hoh），這五個神聖字彙共同組合成〈普供養真言〉。誦經者必須懷抱著對天地自然的感激與尊敬，記住其能量來自宇宙虛空的生成創造，金剛鑽般的堅毅與高。〈普供養真言〉裡的許多咒字與〈淨意業真言〉接近，兩者呈現於下，共有三個咒字相同。

淨意業真言：om　vajra　dahaha　hoh

普供養真言：om　gagana　sambhava　vajra　hoh

源源不絕的法寶，永不窮竭的 sambhava

　　〈普供養真言〉裡的最關鍵咒字之一是 sambhava，為能量運作的咒字，意思是「產生、創造與維持」，實際上是在描述宇宙能量運作，此咒字可以產生能量、創造能量，更可以維持能量的穩定，如此虛空藏菩薩（Akasagarbha）產生的寶藏才能「源源不絕」供養整個宇宙虛空。「源源不絕」是個重要的描述，在《大日經疏》中描述了「虛空藏菩薩」的能量意義：「如來虛空的寶藏也是如此，一切利樂眾生的事業，皆從中出生無量法寶，自在受用而不會窮竭，所以名為虛空藏」。

　　在佛教論述中還可以看到其他對於虛空藏的進一步解釋，「虛空」（gagana）是指這股神聖意識體如同虛空般不可破壞，沒有任何能量能超越勝利它。虛空藏菩薩的「藏」（garbha）代表涵藏著無盡的寶藏。所以，人們可以透由虛空藏菩薩的〈普供養真言〉，去啟動、去產生（sambhava）無限量源源不絕的法寶，而且是永不窮竭的無量法寶。om gagana sambhava vajra hoh 只有五個字，很容易記住，請專心記住這五個神聖咒字，讓源源不絕的虛空能量下載到我們的修行空間。

抽象的虛空藏，轉換成實體的虛空藏菩薩

　　在佛教透由現象學的角度來看，虛空藏是一個宇宙的空間，含藏著智慧的寶藏。這個空間分成「有限」空間的「虛空界」（akasa-dhatu），與「無限」空間的「無盡虛空」（ajatakasa）。《毗婆沙宗》（Vaibhashika）是佛教一個早期的哲學流派，「毗婆沙」一詞的意思是廣說、勝說、異說。

該流派認為虛空藏的存在是真實的，並定義虛空藏是第一個無色禪定（arupajhana）的境界，這通常譯為無限的空間（infinite space），也就是「虛空」一詞。初期的虛空藏還是一個哲學名詞或佛教思想。

虛空藏的「藏」（garbha），意思是子宮、胚胎，也包含蘊藏、發源地等意思。如來藏的「藏」同樣也是 garbha 這個字根。虛空藏這個宇宙的蘊藏地，如同子宮、胚胎一樣，蘊藏無限無盡的智慧能量，而後轉化成虛空藏菩薩，成為擬像化的菩薩，具備特有身形的造像。

當宇宙抽象的智慧能量，由原本的佛教哲學思想，轉換成具備身形的虛空藏菩薩，就出現在許多佛教經典中，例如《般若理趣經》、《八大菩薩曼荼羅經》、《八大菩薩經》等三本經典，前兩本是由唐朝的不空大師翻譯的。而且，虛空藏菩薩也名列八大菩薩的重要角色，轉變成人類可以供奉的佛菩薩。

祂的咒語功德是在於無量的供養。在日本人八田幸雄所寫的咒語名著《真言事典》中，收集了常見的兩千多個咒語，附有每一個咒語的梵文羅馬拼音、釋意、出典、相關研究資料藏。虛空藏真言在該書中是產生無量供具、飲食、宮殿、衣物等一切寶物的真言。這些珍寶超越了世俗的寶物，在虔誠的祈請之下會誕生如金剛堅實無限的寶物。

在《虛空藏菩薩——福德大智守護主》（全佛出版社，2003）一書，亦提到了虛空藏的咒語不但有普供養的意義，對記憶的增長也有助益，對考生有益，成為祈福的對象。

08 充滿強大能量的願力：啟動發願文

　　前面介紹的五個真言是宇宙的真實語言，是與佛、菩薩溝通的神聖語言，超越人類的邏輯思維。此外，還有一個與佛、菩薩連結的奇妙方式，那是人類真摯的情感。〈發願文〉表達祈請者的真誠願力，佛、菩薩都聽得到的。

　　完成前行儀軌的五個真言的學習之後，接下來就是念誦〈發願文〉，準備正式進入唸誦經文。前五個真言協助我們：❶ 完成身體、語言、意念的淨化，❷ 也完成土地空間的純淨，❸ 再對宇宙虛空發出至誠的心念，虔誠地供養整個宇宙虛空的意識體。

　　進入〈發願文〉之後，將轉入個人的祈願，其中的文字將會點出經文中最重要的「智慧意識體」以及該意識體對應的「淨土」。以《藥師琉璃光如來本願功德經》而言，「智慧意識體」是藥師如來，而「淨土」是東方淨琉璃世界。而《佛說阿彌陀經》的「智慧意識體」是阿彌陀佛，其「淨土」是西方極樂世界。東方淨琉璃世界與西方極樂世界是相互對應的，兩者是人類離開這個世界之後前往的空間。

　　再看《金剛般若波羅蜜經》的「智慧意識體」是釋迦牟尼，其「淨土」是人類活著時所處的娑婆世界。在念誦經文時，必須知道神聖意識體與能量聚集的空間，因此都寫在發願文之內。

　　此外，〈發願文〉還會說明念誦經文的完整過程與扼要綱節。我們以《藥師經》的發願文為學習範例，同時也學習其中的智慧能量。

稽首三界尊	皈命十方佛	➡皈依、禮敬
我今發宏願	持此《藥師經》	➡發願
上報四重恩	下濟三塗苦	➡此生願望
若有見聞者	悉發菩提心	
盡此一報身	同生琉璃國	➡來世願望
親觀大慈父	慇懃聞真諦	➡更深層的智慧學習
學習師子吼	回返娑婆地	➡返回地球
度眾脫苦海	弘法利群迷	

發願的偉大力量，藥師十二大願、無量壽四十八大願

以量子科學的角度來看，「發願」確實能直接影響到具體世界上的有形物質。量子力學認為，心念發起善美的力量是能夠改變生命的，因此誦經前的〈發願文〉同樣具有改變心識的力量，絕非誇張之詞。**在大乘佛教中，相信「發願」是宇宙中最強而有力的力量，這像是以「祈禱」形態展現的感覺。**不僅是佛教，各個宗教的祈願是相同美好的，也同樣具備能量。

在《藥師經》裡極為重要的發願是「十二大願」，而《佛說無量壽經》是「四十八大願」。這些大願都是佛教的根本誓願，佛教給了一個專有名詞稱為「本願」。在大乘佛教，發願是啟動智慧能量非常重要的步驟。

量子科學認為，真正的力量存在於覺察力極微妙的世界裡，這是「微觀」的量子世界。當轉至個人的願景，由「微觀」的量子世界進入「宏觀」（或稱巨觀）的物質世界，在這個狀態下，人類虔誠的發願就會改變了生命的方向。微觀的意念可以影響巨觀的世界，而發願的過程將會運用宇宙的力量。要能運用這個量子力量，我們必須認為「自己是宇宙的一部分」，而非處於與宇宙分離的狀態。透由四十八大願與十二大願，念誦

者分別與宇宙智慧體阿彌陀佛和藥師如來融合在一起了。

如何產生影響的動能呢？首先必須啟動大腦的真誠意念，然後才會形成行動與各種可能性，進而吸引機會或是好運，以及實現夢想所需要的種種元素，如此微觀形式的能量才能匯聚成宏觀的世界，發願就是啟動圓滿的強大動能。大部分佛經的〈發願文〉都非常相近，而且非常虔誠，我們將以《藥師經》的發願文為範例。

一連串的數字：三界尊、十方佛、四重恩、三塗苦

第一段發願文是：「稽首三界尊，皈命十方佛，我今發宏願，持此藥師經，上報四重恩，下濟三塗苦。」若是《金剛般若波羅蜜經》，發願文則改成：「稽首三界尊，皈命十方佛，我今發宏願，持此金剛經，上報四重恩，下濟三塗苦」，內容大至上相同。

「稽首」（音同啟首）的意思是跪拜，「三界尊」是指釋迦牟尼，他是欲界、色界、無色界（意識、有形體、無形體）所共同尊敬的聖者。此三界都是凡夫生死往來的境界，佛教的修行過程是想要致力於脫離此三界，其中釋迦牟尼是最佳的導師。而十方佛是宇宙虛空十個方位的神聖智慧體，每一位都有獨自的淨土。十方是指宇宙東、西、南、北、東北、東南、西南、西北等八個方位，以及上與下兩個方位。

發願是要能夠時時刻刻心懷感激，對生命中遭遇的人、事、物真心感謝，對自己所敬愛的聖者以及對念誦經文所獲得的那份寧靜美好，不忘抱持感恩的心情。除了上述較崇高的祈願，在念誦時也將感恩融入真實生命，謝謝日常生活中正在幫自己的親人朋友，像這樣在修行過程中感謝「具體的對象」，是避免有口無心的最佳方式。如此一來，誦經時讓生命每天在某種程度上獲得心靈層面的療癒與更新，一段時日後，必定越來越能與宇宙智慧磁場相應。

感恩的四重恩是指三寶、國家、父母與眾生的恩惠。三塗苦即是三惡道之苦,包括地獄、餓鬼、畜生的苦痛。這段發願一口氣出現了好幾個數字,三界尊、十方佛、四重恩、三塗苦。

願望的核心:同生琉璃國

接著第二段為:「若有見聞者,悉發菩提心,盡此一報身,同生琉璃國。」意思是發願邀約見聞者一起發菩提心,以此人類身軀前往藥師琉璃佛美好的淨土「東方淨琉璃世界」。

不同經文將前往的淨土空間是不相同的,像是《金剛經》的發願文是寫成「若有見聞者,悉發菩提心,盡此一報身,同生極樂國」。發願文中的「報身」(sambhogakāya)一詞,顧名思義就是「報應所得之身」,例如:人、天人、動物、孤魂野鬼等,都是不同的報應身。好的報應形成美好的身,人身是難得可貴的報身,來自於美好的報應,我們更應感恩珍惜,所以「盡此一報身,同生極樂國」。

共同匯聚而成的享受身形:報身

「報身」的梵文是 sambhogakaya,字根來自 bhuj,意為食用、享用,所以報身又稱為「受用身」。此外,字根 sam 有「共同、集合、匯聚」等意思。至於梵文 kaya 是身體之意,法身、化身或是色身的「身」,都是 kaya 這個梵字。連貫起來,sambhogakaya 完整的意思是「共同匯聚而成的享受身形」。在這麼多形式的報身中,以諸佛、菩薩的報身最為美好,依據佛經的解釋,祂們經過長久修行,圓滿一切資財之後,其福報「集合而成」(sam)了圓滿色身,由此身體可「享受」(bhuj)種種禪悅與財富帶來的快樂。

就能量的角度來看，充滿美好的智慧能量在宇宙虛空共同集合，互相振動、發展、匯聚成更美好的神聖意識體，佛、菩薩即是如此。人身難得，應感恩珍惜，並追尋佛、菩薩層面的美好報身。人人皆可成佛，也意味著每個人都有機會提升成更美好的意識層面。請記住，每個人，包括你自己在內，都具備神聖的智慧火花，只要經過喚醒與培養，就能充分顯現個人在心靈層面與這個色身的成就。

學習釋迦牟尼的精神：回返娑婆地

　　發願文的最後一段是：「親覲大慈父，慇懃聞真諦，學習師子吼，回返娑婆地，度眾脫苦海，弘法利群迷。」大慈父指的就是藥師如來，「慇懃聞真諦」是指隨著《藥師經》去追尋藥師如來的智慧。**師子即是獅子，獅子吼指的是「佛陀說法」**。佛陀已經是宇宙的神聖意識體，祂的說法充滿正面能量，可以降伏娑婆世界的負面能量，佛經將這樣的狀態比喻成如同獅子的吼叫，能鎮攝降服百獸。

　　而且當獲取藥師如來的宇宙智慧能量之後，還要發願返回地球，也就是娑婆世界，引領眾生一起追尋智慧，脫離困難迷惘。「回返娑婆地，度眾脫苦海，弘法利群迷。」這部分就是大乘佛教的精髓，由自己覺醒走向協助他人覺醒，也就是「自覺」與「覺他」的二部曲。「回返娑婆地」是徹底的菩薩精神！當完成自覺、覺他之後，持續前進達到終曲，圓滿的覺滿。自覺、覺他、覺滿，即是大乘佛教覺知過程的三部曲。

09 珍惜與感激的讀經心願：
開經偈

在佛經裡所尋求的智慧真理，包含世俗世界的真理「世俗諦」，也包括宇宙虛空的智慧「勝義諦」。「世俗」這個詞我們都懂，但勝義諦的「勝義」呢？勝義的意思是勝過、超越文字義理所能表達的，那是佛陀親證的真理。

無論是《佛說阿彌陀經》、《藥師琉璃光如來本願功德經》或是《金剛般若波羅蜜經》，都涵藏世俗諦與勝義諦這兩種真理，而且每部經典的終極目標都是達到「無上正等正覺」的覺悟狀態。無上正等正覺就是「阿耨多羅三藐三菩提」（annutara-samyaksambodhi）的意譯。只要翻開寺廟大部分的善書，都會看見這首〈開經偈〉，提醒修行者除了要學習領悟這兩種智慧，更要滿懷感恩的心去珍惜這個難能可貴的機緣。

傳說這首偈這是唐朝武則天所題的，因為寫得太好了，以致於流傳至今。即使許多高僧大德嘗試再寫一首開經偈，始終無人可以超越此偈的成就。**其中的內容先是說明人類不容易觀察到的微觀世界，接著敘述因緣的感恩珍惜，隨後是人類可觀察的巨觀世界，最後到宇宙終極真理，**也就是如來真實義。每一段話對應的隱藏意義，以量子科學的方式描述於下。

無上甚深微妙法 ➡量子力學的微觀世界
百千萬劫難遭遇 ➡因緣的珍惜，感恩！
我今見聞得受持 ➡人類可觀察的巨觀世界
願解如來真實義 ➡宇宙的真實義理

量子世界的體會：無上甚深微妙法

　　這首偈的由來很奇妙，歷史記載唐朝武則天是虔誠的佛教徒，她特別喜愛《大方廣佛華嚴經》（簡稱《華嚴經》），就是先前單元討論過的天神因陀羅寶網的出處（詳見 PART 1 的單元 04），因陀羅寶網的英譯是Intra Net，其概念非常接近二十世紀量子科學的母體（Matrix）。當年，武則天看完《華嚴經》後，深刻體會經義的玄妙稀有，有感而發寫下了〈開經偈〉，後來也成為大部分經文的開經偈，當然包括《阿彌陀經》及《藥師經》這兩部經典。

　　偈裡寫著「無上甚深微妙法」，此處「微妙」的意思是細微玄妙、細微奧妙，是說佛法已經超越人類語詞所能表達的狀態，玄奧且微妙！這樣的細微領略是接近量子世界的能量運作，那個世界是由細微能量組合而成，也就是類似細胞、原子、分子的世界，甚至質子與中子等更細微物質的能量運作。

　　凡常人無法體悟這種能量，但是人類優秀的聖者或是宇宙智慧體（佛、菩薩）可以接觸這樣的細微能量，也就是無上甚深的微妙法，那是宇宙非常細微的運作法則。

珍惜因緣受持此經：百千萬劫難遭遇

　　「百千萬劫難遭遇」，「劫」在佛教中代表極長的時間，「百千萬劫」代表著非常長久的時間。這是梵語音譯「劫波」（kalpa）的略稱，是一個極為長久的時間單位。佛教以世界經歷若干萬年即毀滅一次，再重新開始為「一劫」。由於百千萬劫才能遇見一次，武則天深深感受到人身難得，佛法難聞，於是寫下此偈提醒世人，經歷百千萬劫難遭遇，一定要把握這個難得珍貴的因緣、見聞，而且要受持此經。

經文印成可握、可見、可以念誦的實體經本，這些都屬於人類可觀察的「巨觀世界」，與無上甚深微妙法的「微觀世界」有不同的智慧領略。請記得，這兩個世界的運作可以對應世俗諦與勝義諦。

人類可觀察的巨觀世界：我今見聞得受持

「見聞」字面上的意思是眼睛看到的、耳朵聽到的，透由人類的感知能量去閱讀經文、聆聽宗教導師的指導，這些都屬於人類可以觀察到的巨觀世界。這句話描述了現今能見到佛經、聽聞佛法，還能領受佛法，堅信及持守佛法，是多麼幸運的一件事。

一窺更高層次的實相：如來的真實義是超越界的領悟

「如來真實義」是比較難解的文句，在大乘佛教中。佛、菩薩對於「真實」的究竟體悟，有別於聲聞乘（四聖諦）、緣覺乘（十二因緣）所體悟的「真實」意義。

如來所體會的真實，是佛、菩薩所達到的體悟境態，是宇宙的究竟真理（ultimate truth），是超越世俗的真實。以聲聞乘與緣覺乘所領悟娑婆世界的真理，僅是世俗間的真實，而在開經偈的最後一句是鼓勵修行者也能達到理解如來的真實義，由世俗諦邁向勝義諦。

修行者當下給予真誠的感激，感謝開啟這個經文讓我們有機會認識更高層次的宇宙智慧，讓你我的人生有個更高的目標，由平凡庸碌的生命，轉為一窺更高層次的實相，也就是如來真實義。

前行儀軌的完結篇：
呼喚佛、菩薩的智慧
能量

有口有心念誦眞言、發願、感激感恩，然後正式進入經文

〈開經偈〉對宇宙神聖的智慧能量充滿感激，對宇宙天地感到敬畏。隨著〈開經偈〉的文字，我們開始自然感受讀經時純粹的喜悅，並且相信佛、菩薩的奇蹟是可能發生的。在心裡感激我們擁有這個人身，如此幸運地有機會接觸「願解如來真實義」。

學習至此，相信讀者已經擁有許多美好的方法去獲取智慧能量。起初未必非常熟悉這一連串祈請過程的變化，但隨著每次的誦經，一次又一次「有口、有心」的念誦，就會慢慢感受到由宇宙下載真言的能量，也能開展修行者的虔誠願力。在正式進入更安穩的智慧學習之前，我們回顧一下前行儀軌的程序。

♦爐香讚：願望的盛載器
♦淨身、口、意業真言：淨化誦經者的身心靈
♦淨土地真言：淨化修行者的學習空間，也就是我們所在的地球娑婆世界。
♦普供養真言：下載宇宙虛空的能量
♦發願文：修行者的願力
♦開經偈：誦經者的感恩，感激這樣的機緣。

完成上述儀軌後，接下來是呼喚經裡重要諸佛與菩薩的名號，為前

行儀軌的最後一個步驟。不同經文有不同的佛、菩薩，以《金剛經》而言是八金剛與四菩薩；在《藥師經》中，最重要的佛、菩薩是藥師三尊、八大菩薩與十二藥叉神將。

在前行儀軌中呼喚的諸佛、菩薩，有些是「後人」加入的，目的是為了「輔助」經文的念誦。祂們在經文中未必有提及，例如《金剛經》的八金剛與四菩薩就屬於此類型。還有一類型是經文中明確提及的，《藥師經》的藥師三尊、八大菩薩與十二藥叉神就是此類。

藥師三尊是指琉璃光、日光與月光三種宇宙的智慧光能，八大菩薩是宇宙八種神聖智慧體，祂們可以引領人們前往東方淨土。藥師三尊與八大菩薩是來自於宇宙虛空的智慧能量，而十二藥叉神將是地球山林的自然能量。十二藥叉神將的能量存在於地球，所以成為藥師如來在娑婆世界的化身。這些佛、菩薩都很明確出現於《藥師經》的經文內。但是，為了避免遺漏其他佛、菩薩，通常在祈請文中還會念誦三次「南無藥師會上佛、菩薩」，意思就是虔誠皈依「藥師法會上」所有顯現的佛、菩薩。

最後念誦三次「南無本師釋迦牟尼佛」，因為此經正是釋迦牟尼所講述的，唸完這些諸佛菩薩的祈請之後，才正式進入本文。

01 呼喚宇宙的智慧光能：藥師三尊

三道宇宙智慧光芒：琉璃光、日光、月光

呼喚經文相關的佛、菩薩的梵音名號，是「前行儀軌」的重頭戲，每個名號都是一股宇宙聖潔的能量。依據量子科學，「意識」會產生能量，而發出「音韻」也是能量振動，兩者都會引發啟動宇宙的能量。梵音佛號同時包含了「意識」與「音韻」這兩個量子科學的重要概念。如果能認真持誦梵音佛號，所帶來的能量將再度加強我們意識的專注程度，形成更善美的能量循環。於是，善美的能量吸引善美的能量，而後持續地累聚智慧能量。

能量與光芒是能夠呼應的，直到現在，藏傳佛教還有「虹光身」的記載，也就是人類的實質身體（肉身）在多年修練後，轉變成一個七彩的新能量體，相狀如同彩虹光芒般的奇妙。就像虹光身的光明形式，《藥師琉璃光如來本願功德經》有最重要的三位神聖意識體，都是以光芒能量的形式顯現，同時會散發超凡智慧。祂們稱為「藥師三尊」，又稱「東方三聖」。呼喚祂們的方式很簡單，就是在名號前加上「南無」這個神聖咒字。

藥師三尊

南無藥師琉璃光如來（三稱）
南無日光徧照菩薩
南無月光徧照菩薩

東方三聖之所以名為東方，是因為祂們來自宇宙東方的淨琉璃世界。東方三聖分別是「藥師如來」散發出琉璃光（vaidurya prabha），再者是「日光遍照菩薩」散發日光（surya prabha），而「月光遍照菩薩」散發月光（candra prabha）。此處的「遍照」等同佛經中的「徧照」，「遍」意思是全部、整個，遍照是形容整個空間布滿光芒能量。無論是琉璃光或是日光與月光，都是宇宙虛空的三種智慧能量以光芒的形式顯現。下載這三股宇宙能量最好的方式，就是虔誠地呼喚祂們的名號。請記住，「名號」即是下載能量的關鍵密碼。

通常在名號前面會再加一個咒語「南無」（namo 或 nama），這也是一個威力強大的咒字，代表虔誠皈依或禮敬某一神聖意識體（諸佛、菩薩）。這些精神力量來自於宇宙虛空中的智慧匯聚處，可以透由咒語下載到我們的身體。「南無」通常翻譯成「歸敬」或「皈依」，「歸敬」是指念此咒字能讓自己有一個純淨的發心，以尊敬的心念歸向智慧意識體。「皈依」是指將自己的心靈意識全部交付給這位神聖智慧體，在神聖意識體的引領下，進而開啟修行者的智慧。

電光如來的美好時代，宇宙能量之間的交流

藥師如來是從何而來的？佛教典籍《藥師經疏》裡，描述我們居住的娑婆世界曾經有一個美好的時代，那是由「電光如來」引領整個地球的眾生。電光如來是已經達到佛陀境界的宇宙智慧意識體，所以才能稱為「如來」。在電光如來守護人類的那段期間，有位居士帶領兩個兒子共同立志要拯救世間一切病苦眾生。之後，電光如來命令這位居士改名為「醫王」。後來，醫王經過長時間的苦修之後，得道成佛，成為了藥師佛。而他的兩個兒子隨侍在旁，跟著精進修行，成為了日光遍照菩薩與月光遍照菩薩。

絕大多數的佛、菩薩原本是宇宙智慧能量，而後被擬人化。大約在西元二至五世紀，宇宙虛空中抽象的智慧思想體陸續擬象化成我們現在看到的佛像。我們必須了解，在許多經文呈現的「人物」，其實是不同形式的能量。更明確地說，經文中佛、菩薩之間的「對談」，其實是宇宙不同形式能量之間的「意識交流」。

隱喻強大宇宙智慧能量的振動所衍生之新能量

在佛教經典中的父與子，有時並非世間所謂的父子關係，而是隱喻著強大宇宙智慧能量（父）的振動所衍生之新能量（子）。像是阿彌陀佛（西方佛）這股無限量的光芒延伸出觀世音的慈悲能量（compassion），對此，《悲華經》就將觀音菩薩描述成阿彌陀佛的大太子。而《藥師經疏》所呈現的醫王父子三人的關係，就是說明琉璃光衍生出來的智慧光芒日光與月光。「光」在梵語稱為 prabha，若能練習記住這個字的梵語發音，呼喚的效果更佳。

梵音佛號的了解與記憶

藥師如來的梵名共有五個梵字，分別是 Baisajya（藥）、Guru（師）、Vaidurya（琉璃）、Prabha（光）、Raja（王），傳達了五個訊息。baisajya 的發音近似「拜莎賈」，意思是「藥」，為《藥師經》的核心。guru 的發音接近「古魯」，意思是導師，說明藥師如來是宇宙心靈與身體的偉大導師。vaidurya 的發音是「外度里亞」，象徵純淨的透明琉璃。prabha，意思是光，發音唸成「普拉把」。最後，第五個梵字 raja，發音接近「拉加亞」，代表各種領域的王者，因此，藥師就是宇宙大醫王。

當我們呼喚名號時，除了口裡念誦聲韻之外，心中還必須觀想藥師佛的身形，以及祂全身散發琉璃般的藍色光芒，這是視覺化的觀想法門。透由聲音與影像的加乘效果，這樣呼喚的功效必可加倍。

琉璃在古代印度原本是指一種藍色的寶石「青金石」（lapis lazuli），符合藥師如來藍色的身形。佛經典籍記載，這個藍色光芒能量可以拔除生死之病，是神奇的聖潔光芒，能照度「三有」之黑暗。「有」是指存在，「三有」對應三種存在的空間，包含欲有、色有、無色有，三有又稱三界。

「日」與「月」的梵語分別是 surya 與 candra，所以日光遍照菩薩的梵名是 Surya Prabha，而月光遍照菩薩的梵名是 Candra Prabha。當然，以中文名號誠懇呼喚已經很不錯了，若是能以梵語發音，更能啟動這股能量。只要學會簡單斷音法，梵音就不會太難。

許多梵字的發音會有一個字、兩個字或三個字的斷字法，最常見的是兩個字的斷音法。我們將藥師琉璃光與日光、月光的斷音法表示於下。另外，prabha 的 h（氣音）暫時都先不發音，未來有機會再學習更精確的古梵語氣音。

原始羅馬拼音

baisajya（藥）　guru（師）　vaidurya（琉璃）
prabha（光）　raja（王）

簡易斷字

bai-sa-jya（藥）　gu-ru（師）　vai-dur-ya（琉璃）
pra-bha（光）　ra-ja（王）

surya（日）　prabha（光）

sur-ya（日）　pra-bha（光）

candra（月）　prabha（光）

can-dra（月）　pra-bha（光）

（註：can 的發音，較接近 chan。）

　　請先努力記住藥師琉璃光王的名號，千萬不要有口無心的念誦名號。讓自己的心停留在祥和寧靜的狀態念誦咒語，用心體會身體的存在、呼吸的節奏，以及感官的覺知。不帶任何價值判斷，這是念誦咒語的重要關鍵。好好感受身體的內在反應，專心念誦，祈請藥師琉璃光王的指導與保護。祂們的能力會不知不覺地下載到你的身體。

02 繼續呼喚宇宙智慧能量：
奉請八大菩薩

透由梵語原意，重新認識諸尊的真實意義

　　呼喚了最重要的藥師三尊之後，接下來是「奉請」八大菩薩，祂們是一群充滿活躍動能的智慧意識體。

　　能夠專注於一的念佛號，是讓人羨慕的境界，但是一般人在學習過程中卻不容易做到，原因是「單純念誦佛號」而不了解其義，時間一久難保不會流於形式，變成了重複念誦而無心意的字句而已。

　　所以，我們來重新學習念佛號的方式，在念誦八大菩薩的名號時，必須透由「梵語原意」，重新認識諸尊的真實意義。同時，也稍微瞭解呼喚的次序，八大菩薩的出場次序是有意義的。當然，最重要是以虔誠的心意呼喚這八個宇宙不同的能量，如此誦經才會更有效！

奉請八大菩薩

文殊師利菩薩：智慧

觀世音菩薩：慈悲

大勢至菩薩：動能

無盡意菩薩：大願

寶檀華菩薩：供養

藥王菩薩：星宿光的能量

藥上菩薩：電光明的能量

彌勒菩薩：未來佛的能量

八種宇宙能量的擬象化，共三個能量場域！

面對這八位菩薩時，我們必須超越傳統無意識的念誦方式，在心中改以宇宙能量「擬像化」的角度，重新詮釋這八位菩薩。解開每一尊菩薩的名號，深入梵字的原始意義。

每個佛、菩薩的名號就是真言咒語。奉請八大菩薩，等於一口氣呼喚八種宇宙能量，是非常偉大的能量啟動。在接下來的單元中，將透由適當的翻譯，讓讀者領略每位菩薩梵名的意思，了解梵音名號的核心概念，就能更準確、更有效率地念誦佛號。

八大菩薩的呼喚在能量上是有引動次序的，可以分成三組能量。

♦ **第一組——慈悲、智慧與力量**：文殊師利菩薩的「智慧能量」，觀世音菩薩的「慈悲能量」與大勢至菩薩的「氣勢磅礡」的充沛動能。

♦ **第二組——大願、供養**：無盡意菩薩的「偉大願力」與寶檀華菩薩的「供養物質的能量」，讓能量涵養滋潤娑婆世界的一切眾生。

♦ **第三組——未來佛的能量**：連續三位都是即將達到佛陀境界的超級菩薩，被視為「未來佛」，在未來即將達到圓滿境界。第一位是藥王菩薩，代表天空群列的星體發出的「星宿光」能量；第二位藥上菩薩代表宇宙電能所發出的「電光明」能量。最後一位是赫赫有名的彌勒菩薩，充滿「慈愛的能量」，被視為娑婆世界的下一位佛陀。

03 第一組菩薩，宇宙最重要的三股能量：智慧、慈悲與力量

文殊師利菩薩（Manjusri）：智慧

觀世音菩薩（Avalok-iteshvara）：慈悲

大勢至菩薩（Maha-sthama-prapta）：力量

　　宇宙最重要的三股能量是智慧（wisdom）、慈悲（compassion）與力量（power）。智慧能量與慈悲能量都是宇宙極美好的「大智慧能量」。智慧有很多層級，而當慈悲與智慧「融合為一」才是最圓滿的智慧，缺少慈悲的智慧是不夠圓滿的。慈悲是大乘佛教的重要概念，菩薩乘的精髓，其中的藏傳佛教更認為慈悲是獲取智慧的加速器，也是即身成佛的核心關鍵。即身成佛是藏傳佛教的最高期盼，「即身」意味著這次生命輪迴的身體，以這個身體達到佛陀的境態。

　　無論大乘佛教或小乘佛教的終極目標，都是要追尋智慧，那是一種無法超越的究竟覺醒，但大乘佛教認為智慧必須依賴慈悲的協助。慈悲與智慧的結合，是非常美好的宗教實踐，不僅是佛教，其他的宗教也是如此。除此之外，還需要有力量的供應，才能面對負面能量的影響。就像一所學校，有協助學生獲取智慧的老師，也有培養學生慈悲美德的老師，但還要一組充滿力量的教官來保護校園裡的師生。於是，代表力量的大勢至菩薩就顯得格外地重要，要透由祂來降服負面能量。

　　藏傳佛教中代表力量的菩薩是金剛手菩薩，漢傳佛教則是大勢至菩薩或是金剛手菩薩，兩者來自「相同的能量源頭」。以下我們詳述此三尊菩薩梵名的意涵，請一定要記住。

文殊菩薩是智慧的總代表，充滿無法言喻的吉祥

佛、菩薩都是智慧能量的意識體，在菩薩層面，文殊師利是所有菩薩中「智慧的總代表」，一般簡稱「文殊」。文殊師利是梵語 Manjushri 的音譯，可拆解成 manju 與 shri 兩個梵字。其中，manju 譯為文殊或曼殊，意思是美妙、雅致、可愛；shri 譯為師利或室利，意指吉祥、善美、莊嚴。manju 代表一股新鮮剛生起的美好能量，而 shri 是另一股成熟莊嚴的美好能量。每個字詞的解釋都充滿了美好的祥和能量，所以文殊師利又稱為「妙吉祥」，意思是超越人類語言文字所能描述的吉祥。

在現代物理研究的背書下，已經知道生命體意識的運作確實會影響物質世界，即使 DNA 都是如此（參見 PART 1 的單元 16）。人類就是宇宙中的生命意識體，人類的意識肯定是具備能量的，如果在念經持咒時，內心充滿如同文殊菩薩的善與美，我們的意識才會形成一股具備「轉化物質世界」的神奇力量。如前所述，manjushri 是一種善美的狀態，其成就是無法言喻的吉祥圓滿境界，而「妙吉祥」這樣的意譯真是非常貼切。

觀世音菩薩是慈悲能量的凝聚，能感受到地球意識體的苦痛

第二位是觀世音菩薩（梵音名號是 Avalokiteshvara），字根 avalok 是「觀、看見、觀察」，loka 在梵文還含有「世界」的意思，而 svara 在此被解釋成「聲音」，因此成為觀世音（觀看世界的聲音）的名號。儘管每位菩薩都是慈悲的象徵，但觀世音菩薩是「慈悲的總代表」，這位神聖意識體強調「時時刻刻觀察，當世人稱念祂的名號或祂觀聽到世人痛苦的聲音，就會前去解救」的美好特質。如果我們常懷慈悲心，便能藉由觀世音名號的偉大能量而對他人的痛苦感同身受。

「感同身受」是一個重要的心懷，「慈悲」的英譯是 compassion，字面直譯就是同理心。這股慈悲的力量將會漸漸轉化進入人體，所以不只是觀世音具有慈悲的意識與智慧，念誦的修行者也會被賦予了善美慈愛的能量。能量在生命體的傳遞，完全符合量子力學中宇宙萬物時時刻刻在相互振動，相互影響。慈悲的能量奇妙而偉大，所以有句名言「慈悲沒有敵人」就是這個意思。

要怎麼念 Avalokiteshvara 呢？先斷音為 avalo-kite-shvara，就可以對應傳統漢字音譯的「阿縛盧（avalo）・枳低（kite）・濕伐邏（shvara）」。

大勢至菩薩氣勢威猛的偉大能量，振動宇宙天地

第三位是大勢至菩薩（梵音名號是 Mahasthamaprapta），被形容成「智慧光普照一切，令眾生離三途，得無上力」，意思是大勢至菩薩的智慧能量將以光芒方式照耀全宇宙，讓有知覺、有感情的眾生遠離三種負面空間，同時可以獲得無上的力量，進而展現威猛的氣勢。

Mahasthamaprapta 的名號很長，不好記憶，但可以拆字分解其義，分別是 maha（大）・sthama（勢）・prapta（至）。以現代國語發音接近於「馬哈斯坦瑪普拉普他」，拆解字根的斷句是 maha（馬哈）・sthama（斯坦瑪）・prapta（普拉普他）。梵語字典的音譯更不好唸，譯為「摩訶娑太摩缽缽羅缽跢」，源自於 maha（摩訶）・sthama（娑太摩缽）・prapta（缽羅缽跢）三個字，也就是「大勢至」的意思。sthama 的意思是氣勢、勢力，prapta 的意思是獲得（得）或是到達（至）。

所以，Mahasthamaprapta 主要譯法之一「大勢至」是強調能量的到達，或是翻譯成「得大勢至」，則是強調龐大能量的獲得。

大勢至菩薩氣勢磅礴龐大，能量威猛強大。以下這段經文生動地寫

著：「又彼行時，十方世界一切地皆振動，故稱大勢至。」意思是說大勢至菩薩充滿動能，當祂的能量啟動來到時，宇宙各個方位空間的大地將產生巨大振動，所以稱為大勢至，意思是強大磅礴氣勢的到來。

大勢至與阿彌陀佛關係密切，無邊光與無量光相互輝映

《佛說觀無量壽佛經》是淨土三經之一，而「無量壽佛」是阿彌陀佛的另一個稱謂。在這部經典裡，對於大勢至菩薩有著詳細的描述，是極為重要的角色。「阿彌陀佛」在梵語的原意是「無限量的光芒」，而「大勢至」代表「威猛強大氣勢的能量」。

在《佛說觀無量壽佛經》中，大勢至菩薩還有一個名號是「無邊光」。「無邊」的意思是無量無邊，也可以說大勢至和阿彌陀佛都擁有充沛的光能。佛陀層級的阿彌陀佛叫「無量光」，菩薩層級的大勢至叫「無邊光」，兩者關係密切。佛經裡，大勢至菩薩總是隨侍於阿彌陀佛的身旁，意味著大勢至的無邊光芒能量與阿彌陀佛無限量光芒「輝映連結」。

在《佛說觀無量壽佛經》還寫著：「大勢至恆念阿彌陀佛，以智慧之光普照一切，使人得到無上力量、威勢自在，能接引眾生往生淨土。」這段文字的意思是：大勢至的宇宙動能引動阿彌陀佛更具威勢的無限量光芒，去照耀宇宙一切，而此光能可以協助眾生的意識獲得無上的力量與威勢自在。一個階段的生命結束時，在大勢至能量的陪伴之下，能前往阿彌陀佛美好的智慧場域。

誦經時該怎麼做呢？

　　呼喚第一組菩薩的名號時，請在心中升起 ❶ 善美的智慧（文殊）、
❷ 溫柔的慈悲（觀世音）與 ❸ 威勢的力量（大勢至）的意識概念。腦海
裡必須連結「智慧、慈悲與力量」的意識概念，讓虔誠的心識透由呼喚
祂們的名號而「有效率」地下載宇宙的智慧能量。所謂的有效率即是「有
口有心」，是了解梵語名號的呼喚，而不是毫無意義地喃喃念誦。

 **小要點**

《佛說觀無量壽佛經》兩道智慧光芒

名號	阿彌陀佛	大勢至
層級	佛陀	菩薩
別號	無量光	無邊光
意義	光的量能無限	光的邊界無限

04 第二組菩薩，實現人世願望的能量：神聖願力與感官意識

無盡意菩薩（Aksaya-mati）：大願、大愛

寶檀華菩薩（Ratna-candana-puspa）：寶物、檀香、花

發願是修行過程中非常重要的事，追求智慧是由願行引導方向。如果發願的方向錯了，就可能吸引宇宙的負面能量。反之，許下美好的願望，將會使生命處處充滿光明。只要切實去深入實踐與了解，經過時日就會發現心願的力量確實不可思議。就像西方新思維運動的「吸引力法則」所說的，人際關係可以透過正面或負面想法，從而得到正面或負面的不同結果。

佛教世界的願力概念也是如此，其概念就是「誠心地發願，就會獲得佛、菩薩的加持」，意思是修行者只要心誠就會吸引宇宙美好的動能，而佛、菩薩等宇宙神聖意識體就會熱情地回應，同時祂們下載善美的能量加持於修行者身上。認真呼喚佛、菩薩，就會獲得宇宙自然回應。在《藥師經》中，負責「願力的運作」就是無盡意菩薩。

無盡意菩薩的關愛能量，供應無限空間的無限眾生

大家對無盡意菩薩應該並不陌生，因為祂就出現在很受歡迎的經中之王《妙法蓮華經》的一品。充滿「心願」的無盡意菩薩，與充滿「慈悲」的觀世音菩薩進行一場精彩對話交流，形成了世間著名的《觀世音菩薩普門品》，也構成了宇宙兩股智慧意識體的「慈悲能量」與「大願能源」的綿密互動，在宇宙虛空中供應善美的能量來涵養地球的眾生。

無盡意菩薩的梵音名號是 Aksaya-mati，經文描述這股神聖意識體來自宇宙東方淨土「不眴國」（眴，音同「眩」），祂發心無盡，願力無盡，所以無盡意菩薩在佛教中代表「大願」。經文在描述這股無盡意能量時，總是充滿美好的意境。

　　aksaya 是重要的梵字，意思是無止盡的，就像英文的 endless，請好好記住，這是常見的梵字。mati 的梵語具有許多意思，包含「覺知、智力」，或是「念頭、想法」，也延伸至「記憶、心智」。整個來說，就是各種心意或心靈意識的活動，而後 aksaya-mati 就被翻譯成「無盡意」，代表人類無盡心念或無限意念的活動。而無盡意菩薩會實現人類無盡的心念，是一股非常偉大的心願能量。

　　由 aksaya 再延伸的梵字非常多，像是 aksaya-dharma 一詞，dharma 的意思是法，代表宇宙運行的規則，所以 aksaya-dharma 就是「無盡法」，說明宇宙運行的法則是無止盡的。還有 aksaya-kosa（無盡藏）這個梵字，kosa 的意思是寶庫，意味著涵藏寶藏的能量空間。於是，一個巨大的宇宙寶藏庫 aksaya-kosa 就被翻譯翻譯成「無盡藏」，這是很優美、很傳神的譯法。

三種無盡，展現無盡意菩薩溫暖的愛

　　無盡意的「無盡」，總共涵藏三種無盡。第一是「世界無邊，塵繞繞」，第二是「眾生無盡，業茫茫」，第三是「愛河無底，浪滔滔」。空間裡的眾生與對眾生的愛都是無限的，所以無盡意菩薩想把這無量世界全都變成美好喜樂的世界，這是非常偉大的願力。這位菩薩也想將無盡的眾生都教化成佛，還要將無底的愛河統統填滿。

　　《藥師經》裡有著名的十二大願，當然在念誦此經時一定要連結上宇宙的無盡意菩薩，讓代表大願的祂來協助念誦者認識十二大願。那麼，

在念誦《藥師經》之前，要如何啟動無盡意菩薩的大願能量呢？很簡單，就是奉請八大菩薩前，誠心念誦無盡意菩薩的名號：Aksaya-mati。

供養過程即是：生活在可碰觸的物質世界，透由佛法追尋心靈世界的成長

接著讓我們進入另一位菩薩的學習。供養（offering and sustaining）是提供或供應宇宙能量之養分的善美行為，包含物質層面的供養與心靈層面的供養。我們生活在可以碰觸的「物質世界」，透由佛法追尋「心靈世界」的成長，因此兩種形式的供養都必須進行。

這包含提供生活上所需要的物質、財富，或是以香花、飲食等物品或種種善行，將這一切獻給佛、法、僧或一切眾生。提醒一下，善行是非常重要的供養能量之一，而《藥師經》的供養是由八大菩薩的第五位寶檀華菩薩來進行的。

寶檀華菩薩賦予的寶物，讓人由「物質層面」進入「心靈層面」的美好

寶檀華菩薩的梵音名號是 Ratna-candana-puspa，在八大菩薩中，祂緊緊跟著代表大願的無盡意菩薩，從梵音名號來看寶檀華這個神聖意識體，其核心功德有三：寶物（ratna）、檀香（candana）與花（puspa），它們都是虔誠的供養物，涵蓋佛教儀軌中六供養的三種寶物。六種供養源自《大日經》，分別是水、塗香、花、燒香、飲食、燈明。

寶物的梵語是 ratna，包含「心靈寶物」與「物質寶物」兩種。檀香（candana）就是檀香木，在使用上可以採取燒燃或是塗抹的方式，檀香

與花（puspa）都是嗅覺上重要的供品。雖然檀香與花都是實體的物質，但可以啟動我們的視覺、嗅覺，有效地開啟感官意識去連結宇宙神聖意識體。

　　在平順安穩地念誦寶檀華菩薩的梵音名號時，會由實體物質層面的美好進入心靈層面的美好。呼喚寶檀華菩薩，再連結佛經儀軌，能達到視覺（觀想）、聽覺（念經、持咒）與嗅覺（點香、塗香、抹香、燒香）的三合一，如此多重感官美好的能量效應是非常驚人的，這部分可回顧PART 1 的單元 10~13。

05 第三組菩薩，三位即將成佛的智慧能量：未來佛陀

　　在佛教世界有一種時間的看法，認為過去、現在與未來都會出現佛陀，當年釋迦牟尼在為弟子們說法時，指出了這種時間狀態的看法。在釋迦牟尼之前還有一位佛陀，稱為錠光佛（Dipam-kara）。錠是閃亮的金塊，身形如同閃亮金塊的佛陀就叫「錠光佛」，是過去佛。錠光佛還有個名稱，因為祂出生時身邊一切光明如燈，故稱為「燃燈佛」。其實，無論是錠光或是燃燈，都是描述光能放射的相狀。

　　就釋迦牟尼佛在世的那個時空背景，釋尊自己是「現在佛」，而燃燈佛（錠光佛）成為了「過去佛」。不過，在釋迦牟尼之後還會有許多佛陀誕生，稱為「未來佛」。最知名的未來佛就是彌勒菩薩，此外在《藥師經》還有兩位未來佛，分別是藥王菩薩、藥上菩薩。八大菩薩的最後一組即是奉請這三位未來佛。

彌勒菩薩（Mai-treya）：慈愛能量
藥王菩薩（Bhai-sajya-raja）：星宿光能量
藥上菩薩（Bhai-sajya-samud-gata）：電光明能量

　　我們再回顧一下佛陀的定義。先從 bodhi 開始講起，該字的音譯為「菩提」，簡譯為「覺」，覺醒的覺，意思是從迷惑中覺醒。菩提（bodhi）的延伸字是「菩提薩埵」（bodhisattva），簡寫成「菩薩」兩個字。佛與菩薩有何不同呢？一個簡單的分類方式是，菩薩為追求智慧的「進行式」，而佛陀（buddha）是智慧追尋的「完成式」，祂們所追尋的智慧是圓滿的智慧，就是無上正等正覺。八大菩薩的最後三位菩薩都是即將成佛的菩薩，表示祂們的智慧已經很成熟，即將達到佛陀的狀態，稱為未來佛。

彌勒菩薩，娑婆世界的下一位佛陀

換句話說，未來佛還是處於追求智慧的進行式中，但已經非常接近完成式的狀態，幾乎成佛了。先來看赫赫有名的「彌勒菩薩」，其梵文為Maitreya，音譯為「梅呾利耶」，簡音為「彌勒」。梵字 maitreya 的意思是慈愛，所以彌勒菩薩在經文中常被稱為「慈氏菩薩」或「慈氏」。彌勒被視為是釋迦牟尼佛的繼任者，將在未來誕生於娑婆世界，也就是在地球降生成佛。

八大菩薩是八種神聖意識體，在不同的經典中的指稱略有出入，但始終有這位彌勒菩薩。因為祂是「即將」誕生於地球的佛陀，表示祂會如同釋迦牟尼以人身相狀顯現於世。當彌勒菩薩由宇宙虛空的神聖智慧體轉化成地球真實的人類，而祂所代表的核心能量就是「慈愛」（kindness）。或者我們可以說，這個過程代表宇宙的慈愛能量，將由無形無相的智慧體轉化成有形有相的人類身形。

藥王與藥上菩薩，源自於星宿光與電光明兩股宇宙能量

佛教經典總是以隱喻的方式來描述宇宙所存在的智慧能量，而且將祂們擬像化成具備人類身軀的佛陀或菩薩，也可以是智者與長老。這不僅於單純的擬像化而已，這些神聖的宇宙能量也可以轉變成人類身形，降臨於娑婆世界。

藥王與藥上菩薩在《觀藥王藥上二菩薩經》就有類似的描述，提到在很久以前，有位達到圓滿智慧狀態的佛陀名叫「琉璃光照如來」。那個時期（劫）的名稱是「正安穩」，表示那個年代是一個清正安穩的時代。而祂守護的國度叫「懸勝幡」，意思是懸掛勝利旗幡，代表這個國度洋溢著勝利的能量。

經典中描述著這位名為琉璃光照的如來進入涅槃狀態（即寂靜狀態），不再為人類說法了。這時，一位名號「日藏」的比丘充滿智慧，開始為大眾講說「平等智慧」，在娑婆世界沒有琉璃光照如來說法的時候，由他為人們說法。

聽眾弟子中，有位長老名叫「星宿光」，總是持訶黎勒果（Haritaki，即藥師果）及諸雜藥（「雜」的意思是各式各樣的）。星宿光長老將擁有的良藥供養這位說法的日藏比丘及聽法的諸眾。星宿光長老有一個弟弟名叫「電光明」，也跟著持諸良藥供養日藏及諸眾。

因為「星宿光」、「電光明」這對兄弟的慈悲善行感動眾生，於是當時人敬稱他們為藥王菩薩（Bhai-sajya-raja）與藥上菩薩（Bhai-sajya-samud-gata）。

抽象的宇宙智慧能量化成具備形體的菩薩，且即將成佛

讀到這裡，讀者應該會發覺「琉璃光照如來」、「星宿光」、「電光明」三位佛、菩薩的名號都與光芒能量有關，其實祂們都是宇宙智慧光能的擬人化。祂們一一由無形無相的智慧能量（抽象）轉換成具備身形（具象）的三位神聖意識體，也就是藥師佛、藥王菩薩與藥上菩薩。

《觀藥王藥上二菩薩經》繼續寫著：「佛告彌勒：是藥王菩薩久修梵行，諸願已滿，於未來世成佛，號淨眼如來。藥上菩薩亦次藥王作佛，號淨藏如來。」也就是釋迦牟尼佛預言彌勒菩薩於未來將成佛，同時也預言藥王菩薩與藥上菩薩在未來成佛，其名號分別是「淨眼如來」與「淨藏如來」，所以八大菩薩的最後三位都是未來佛。請注意，呼喚祂們的名號時，要記得其關鍵特質分別是慈愛、星宿光能量與電光明能量。好好認識祂們的名號意義，呼喚時就更能相應。

重新認識菩薩，改以宇宙能量的角度來閱讀經文

如果我們重新以「能量概念」來詮釋《觀藥王藥上二菩薩經》的這段經文，內容是這樣的：

宇宙曾經有一段時期，虛空的能量進入平穩安定的狀態，那時最龐大的宇宙能量是琉璃光照，此乃如來層級的神聖能量，也就是無上正等正覺的智慧狀態。

後來這股宇宙智慧能量進入了寂靜的狀態，也就是涅槃境界。這時，地球有一位日藏比丘，他是經文中的真實人類。日藏比丘開始為大眾講說「平等智慧」，由於他演說時的慈悲誠意，先後「吸引」了兩股宇宙的能量。

第一股宇宙能量是「星宿光」，第二股宇宙能量是「電光明」，這兩股能量由宇宙聚集於地球，而且轉化成人類身形的長老，共同守護著日藏比丘及其信眾的身心健康。於是人們知情感恩，敬稱這兩個神聖能量為藥王菩薩與藥上菩薩。

小要點

從人類到未來佛

人類層級	星宿光（長老）	電光明（長老之弟）
菩薩層級	藥王菩薩	藥上菩薩
未來佛層級	淨眼如來	淨藏如來

這兩個神聖意識體已達菩薩層級，供應慈悲能量給眾生。之後，這兩股智慧能量持續發展、增強，更加圓滿美好，於是釋迦牟尼預言他們將會發展成更龐大的智慧能量。

簡單地說，這兩股星體的能量在《觀藥王藥上二菩薩經》被擬象化成一對兄弟，或是說祂們由「無形無相」的意識能量，轉變成「有形有相」的菩薩身形。

授記：預言可以成佛的過程

佛陀告訴彌勒這個預言，並說藥王菩薩與藥上菩薩未來的名號分別是「淨眼如來」與「淨藏如來」，也就是釋迦牟尼提前預測祂們將由「菩薩層級」晉升到「如來層級」的宇宙智能。這種預言可以成佛的過程，其專有名詞是「授記」，原始梵文是 ryakarana，意思即是「預告」。

釋迦牟尼也曾經被預告成為佛陀，在《金剛經》〈究竟無我分第十七〉中，燃燈佛為釋迦牟尼授記（那時釋迦尚未成佛）：「汝於來世當得作佛，號釋迦牟尼。」

06 呼喚地球山林的智慧能量：
奉請十二藥叉大將

宇宙虛空、地球天空與地表的三種神祕精靈

「藥叉」即是「夜叉」，梵名為 yaksha，原本是印度古代自然界山林地谷的精靈，行蹤神祕、身手敏捷，而且具備威猛的武力。來到佛教的世界，祂們被賦予了全新的生命力。

曾於中國南北朝盛行的《維摩經》提到了三種藥叉，其中一種可以飛行於「宇宙虛空」之中，這類藥叉神通廣大，被視為佛、菩薩的轉化身形，稱為「空行藥叉」，是層級最高的藥叉，此處的「空」是指宇宙虛空。此外，能在「地球的天空」中飛行的，稱為「天行藥叉」，還有在地球表面活動的「地行藥叉」。

空行藥叉與天行藥叉在字面上相近，但能量層面是不同的。空行藥叉可以穿梭宇宙虛空，是佛、菩薩層級的智慧體所轉化的；而天行藥叉只能活動於地球的天空，能量層級較低。天行藥叉與地形藥叉都是地球空間的生命動能的意識體。

空行藥叉、天行藥叉及地行藥叉都可以活動於人類居住的地球，充滿生命能量與活力，擁有鮮明活潑的身形，宛若一齣掌中戲的重要角色。十二大藥叉是地球智慧能量的總召集，各有七千位藥叉做為他們的眷屬，全部合起來共有八萬四千藥叉護法，代表八萬四千法門，在娑婆世界各處保護修持佛法與修持藥師佛的眾生。

這些藥叉是《藥師經》的精髓，所以我們必須虔誠地呼喚其名號。全部的八萬四千藥叉護法宛若神聖的意識軍團，將協助人類對抗魔界的貪、瞋、癡的負面能量。這些藥叉有男性（yaksha）與女性（yakshe）之

別;男相勇猛剛強,敏捷健捷;女相藥叉華麗漂亮,豐滿健美。《藥師經》描述了全部的藥叉由十二位大將統領,稱作「十二大藥叉大將」或「十二神將」。呼喚十二神將時,能將漢譯名號唸出來已經很棒了,如果再記住梵語發音,祈請的效能一定更佳。以下將漢譯與羅馬拼音並列:

宮毘羅大將	Kumbhira
伐折羅大將	Vajra
迷企羅大將	Mihira
安底羅大將	Andira
頞你羅大將	Majira
珊底羅大將	Shandira
因達羅大將	Indra
波夷羅大將	Pajra
摩虎羅大將	Makura
真達羅大將	Sindura
招杜羅大將	Catura
毘羯羅大將	Vikarala

充滿生命力的神聖軍團

此十二藥叉大將,一一各有七千藥叉以為眷屬,同時舉聲白佛言:「世尊!我等今者,蒙佛威力,得聞世尊藥師琉璃光如來名號,不復更有惡趣之怖。我等相率,皆同一心,乃至盡形歸佛、法、僧,誓當荷負一切有情,為作義利,饒益安樂。

此十二位藥叉大將各有七千藥叉做為眷屬,是一群地球正面能量的聚合體。經文描述所有的藥叉同聲地向釋迦佛宣誓:「世尊!我們現在承

蒙佛威神力，能聽到藥師琉璃光如來的聖號，將不再畏懼惡道。我等互相遵循，全都一心皈依佛、法、僧三寶直到生命結束，誓願共肩負責任，為一切眾生應盡，謀求義利，饒益安樂。」

「承蒙佛威神力」是佛經中非常重要的能量轉換機制。空間中無形無相的能量可以被轉換，威神力會將幽暗負面能量轉化成正能量。釋迦牟尼具備這種威神力，許多大乘經典都曾經描述「承蒙佛威神力」的轉換狀態。

佛陀威神力既是語言轉化器，也是能量的轉換器

經文還寫著，透由佛陀的威神力，可以讓菩薩等神聖意識體與人類溝通，這是威神力的第二種神聖功德。這時候的佛陀就像是不同空間、不同形態生命體之間的「翻譯師」。其中的關鍵就是必須透由「佛陀的威神力」才能讓菩薩與佛陀的弟子溝通對談。

最熟悉的例子，就是《心經》中，佛陀以威神力讓觀自在菩薩與佛陀的弟子舍利子能夠溝通彼此的意識。同樣地，在《藥師經》裡，十二位藥叉與七千藥叉透由佛陀的威神力，可以順利地表達人類的語言，同時發下誓約讓阿難記錄這段神聖對話。

不僅如此，佛陀的威神力還將山林的自然界能量轉換成保護人類的正能量。傳統上認為，十二神將是十二生肖的守護者，也是十二個時辰的守護者，日日夜夜輪值守護娑婆世界，因此，只要誠心地念誦十二神將的名號，祂們就會前來保護念誦者。在《藥師經》經文的尾端，仔細寫下此經又名《拔除一切業障》，說明這十二位大將還可以處理人們的業障，將過去因為貪、瞋、癡等而產生的負面業力完全消除，清除所有一切的障礙。

經名顯現十二藥叉的重要性！

因為十二藥叉在《藥師琉璃光如來本願功德經》中的地位甚為重要，所以此經又被稱《十二神將饒益有情結願神咒》。兩個法門稱號擁有不同的意義，《藥師琉璃光如來本願功德經》經名上的「功德經」三個字強調這是「經」，《十二神將饒益有情結願神咒》的「結願神咒」強調這也是「咒」，突顯此經的「經咒合一」。

經與咒有何不同？其中「經」是人類可以理解的文字智慧，而「咒」是超越人類邏輯思考的宇宙真言（佛、菩薩的神祕語彙）。經咒合一即可充滿智慧能量，好好念誦，透由「經」深化思考世俗界的智慧，再藉助「咒」擴張智慧領域進而探索宇宙智慧，最後達到經咒合一的美好境態。

那麼《十二神將饒益有情結願神咒》的咒是什麼呢？就是十二神將的名號，十二個名號是《藥師經》的「大咒」，又簡稱為「大解結咒」。十二藥叉大將去除「大將」這兩字後就是大解結咒。

🏺 小要點

大解結咒 （大咒）	將「十二藥叉大將」去除「大將」這兩字，就是大解結咒。 宮毘羅，伐折羅，迷企羅，安底羅，頞你羅，珊底羅，因達羅，波夷羅，摩虎羅，真達羅，招杜羅，毘羯羅。
藥師灌頂眞言 （中咒）	南無薄伽伐帝。鞞殺社。窶嚕薛琉璃。鉢喇婆。喝囉闍也。怛他揭多也。阿囉喝帝。三藐三勃陀耶。怛姪他。唵。鞞殺逝。鞞殺逝。鞞殺社。三沒揭帝莎訶。
咒心（小咒）	唵。鞞殺逝。鞞殺逝。鞞殺社。三沒揭帝莎訶。

正式進入經文：
藥師琉璃光如來
本願功德經

01 解析《藥師經》的智慧能量，認識此經的結構

主要結構：人間佛陀釋尊與宇宙智慧體文殊菩薩的智慧對談

　　完成「前行儀軌」之後，就正式開始念誦《藥師琉璃光如來本願功德經》。不同佛教經典各有不同的功用，但大部分都擁有穩定情緒的善美功能，誦經即能達到這個效果。但更重要的是追求宇宙智慧，達到覺悟的境態。此經中，超過一半的內容是人間佛陀釋迦牟尼與宇宙中各種形式之神聖智慧體的對談，最主要的對象是智慧的總代表文殊菩薩，由兩位智者相互談論來深入藥師如來的法門。以下的段落雖然簡短，卻是《藥師經》的主要概念之一。

　　爾時，曼殊室利法王子，承佛威神，從座而起，偏袒一肩，右膝著地；向薄伽梵，曲躬合掌，白言：「世尊！惟願演說，如是相類諸佛名號，及本大願殊勝功德；令諸聞者業障消除，為欲利樂像法轉時諸有情故。」

　　「曼殊室利」是 manjushri 的音譯，就是「文殊菩薩」。「曼殊室利法王子」的「法王」意指佛陀，所以法王之子是佛陀的弟子，於此意味著文殊菩薩也是佛陀的弟子之一。「承佛威神」是非常關鍵的能量轉化，文殊菩薩是宇宙神聖意識體，原本是無形無相的智慧能量，與人類之間的溝通必須透由釋迦牟尼佛。於是，「承佛威神」（蒙受釋尊的神威力量），文殊菩薩經過這個轉化過程，就可以開始在法會上跟人類溝通。

　　簡單地說，釋迦牟尼既懂得人類的語言，也懂得宇宙神聖意識體諸佛、菩薩的語彙。他扮演這場神聖法會內「所有意識體」的翻譯師，讓

佛陀的弟子得以和宇宙神聖智慧體溝通。再看「為欲利樂像法轉時諸有情故」的「利樂」一詞，意思是利益安樂，而「像法轉時」的意思是透由供養佛像以轉動佛法的時代。於此，文殊菩薩請佛陀說法，讓聽聞者都能消除障礙，且擁有利益安樂的生命。

第二結構：釋迦牟尼、阿難與救脫菩薩 針對生命劫難的談話

《藥師經》是龐大的經文，跟《金剛經》的分量頗為接近。在經文的後半部展開另一個議題，是釋迦牟尼、阿難、救脫菩薩三人的談話。其重點放在如何躲過九種橫死，以及死亡來臨時，病痛者或是陪伴的親人該如何面對。經文描述當遭遇這些生命重大議題時，只要虔誠地呼喚藥師如來，祂都會前來協助。因此，呼喚藥師如來的「名號」是強效的解救方案。

　　爾時，眾中有一菩薩摩訶薩，名曰救脫，即從座起，偏袒右肩，右膝著地，曲躬合掌，而白佛言：「大德世尊！像法轉時，有諸眾生，為種種患之所困厄，長病羸瘦，不能飲食，喉唇乾燥，見諸方暗，死相現前，父母親屬、朋友知識，涕泣圍繞。」

這段經文是《藥師經》後半段的內容，「救脫菩薩」的英譯為：The Bodhisattva Seeker of Salvation，意思頗為貼近，說明救脫菩薩是一位解救眾生、解脫痛苦的菩薩，而且其專職是在眾生面臨病痛、生死危難等關鍵時刻顯現的神奇宇宙意識體。「死相現前，父母親屬、朋友知識，涕泣圍繞」中，「知識」一詞代表著朋友，例如善知識是善友，惡知識是惡友。同時，救脫菩薩再次提到「像法轉時」，就如同文殊菩薩祈請佛陀講法時，同樣是透由供養佛像以轉動佛法的時代。

整段經文的意思是：這時有位大菩薩，名叫救脫，從座位起來，袒露著右肩，右膝著地，曲身恭敬合掌，稟告佛陀說：「大德世尊，在以佛像傳法的時期，有些眾生為種種病痛困擾，長病之下身體羸瘦，無法進食，喉唇乾燥，視力衰退只見四周黑暗，這時病者顯現出死亡跡象，父母親屬和朋友們都圍著他泣涕。」

這時該如何是好呢？只要採用藥師儀軌中的「五色神幡」與「續命燈」即可，這個法門會在後面的單元 06 詳述。

危難時的急救包，也是平時的保健良方

在知道《藥師經》的兩大結構後，念誦《藥師經》要注意什麼呢？藥師如來是宇宙最高層級的醫師，可以整治所有生命體在身體或心靈的病痛。當生命遭遇種種起伏時，虔誠念誦《藥師經》肯定可以幫助我們，誦經者的態度是不過於狂喜，也不過於悲傷，讓《藥師經》給予正面思考能量，穩定波動的情緒，平靜安穩地度過難關。

即使並未遭遇人生困境或是病痛，依舊可以好好接觸此經，就像是日常的健康保養。每日利用短暫時間持誦《藥師經》，有助於修護體內的神經系統，讓身體的主人呈現自然平穩的正面情緒。所以，此經不只是生命危難時的急救包，也是平時的身心保健營養劑。

「前行儀軌」與「後續儀軌」每次都要盡量念誦完畢，那麼主要經文呢？如果時間有限，很難一次念誦完畢，我們可以依據自己的節奏，分章斷節完成學習。將誦經過程自然融入生活，而非影響工作的節奏。《藥師經》龐大，我們在本書無法一一為讀者解經，但以下會重點式整理出《藥師經》珍貴的文字般若，每個重點結構就是分章斷節的時機。

02 神聖智慧的十二大願：菩薩的根本誓願

　　《藥師琉璃光如來本願功德經》擁有最著名的「藥師十二願」，這些願望融入了藥師如來尚未成佛前的「慈悲、智慧」。藥師十二願透徹執行了「菩薩行」的修行，而《藥師經》的整個核心概念是「大乘即菩薩」的法門，以救世利他為宗旨，其最高的果位是「佛果」。祈願的能量等同於創造神祕空間，藥師十二願是一個可以讓你看見奇蹟，超越個人極限，心想事成的神祕境地。

　　這十二大願是藥師如來尚在菩薩階段所發的誓願，這些願望就是經名《藥師琉璃光如來本願功德經》裡的「本願」一詞。如同字面的意思是「根本誓願」，每個願望都期待獲得阿耨多羅三藐三菩提（anuttara samyaksambodhi），也就是無上正等正覺。這部分是求菩提願的「智慧」。另外，每個願望也期盼照顧地球上所有的生命體，包括身、心、靈以及生活物質的不虞匱乏，這是樂利他願的「慈悲」，十二大願就是「智慧與慈悲」結合的偉大願望。

第一大願，獲取宇宙的覺知能量「無上正等正覺」，轉換美好的身形相狀

　　願我來世得阿耨多羅三藐三菩提時，自身光明，熾然照耀無量無數無邊世界，以三十二大丈夫相、八十隨形，莊嚴其身，令一切有情如我無異。

第一大願是期望自身覺悟的境態由「無形無相」的智慧能量轉成「光明形式」，此光能的強度可以照耀宇宙虛空的極限，到達無量無數無邊世界。不過，並非所有的眾生都可以領略光明形式的藥師如來，所以祂還要以「有形有相」的相態顯現於一切眾生的面前，讓眾生安穩地感知到。這有形的莊嚴身形是「三十二大丈夫相、八十隨形」。除了期盼自己達到如此的成就之外，藥師如來的第一大願也希望眾生都能一樣，一起達到這樣的境態，沒有任何差異。

第二大願，願琉璃身光潔淨透徹，以身光的能量利益一切有情意識體，並擴及幽冥眾生

願我來世得菩提時，身如琉璃，內外明徹，淨無瑕穢，光明廣大，功德巍巍，身善安住，焰網莊嚴，過於日月；幽冥眾生，悉蒙開曉，隨意所趣，作諸事業。

當達到無上正等正覺的菩提狀態，藥師如來祈願祂的身形像琉璃般內外明徹、純淨、無瑕穢；而且境態光明廣大，功德巍巍，如此安住於善美的身形。藥師如來的能量綻放光焰交織如網，其莊嚴超越太陽和月亮。祂的光能強大到連幽冥地獄裡的眾生，也都能蒙受佛法的開曉，眾生能隨著自己的意趣，成就此生的種種事業。

第三大願，以無盡無邊的智慧能量，讓有意識的眾生在物質上無所欠缺

願我來世得菩提時，以無量無邊智慧方便，令諸有情皆得無盡所受用物，莫令眾生有所乏少。

第三大願由心靈層面轉入物質層面，經文中提及「方便」，其意思是「隨方因便，以利導人」，而「智慧方便」的意思是藥師如來隨著不同的狀態，採取不同的方法，漸進地引導修行者獲得智慧。經文的白話意思是：願我來世得到正覺時，要以無量無邊的智慧方便，讓一切眾生所求的受用之物獲得滿足，不讓眾生有所匱乏。第三祈願的重點是物質層面的供應，目的是隨著眾生不同的狀態，採取不同的因應方法，引導修行者獲得智慧。

第四大願，以智慧能量協助修行者走上菩提道路，協助聲聞乘與獨覺乘的智慧者提升大乘修行

願我來世得菩提時，若諸有情行邪道者，悉令安住菩提道中。若行聲聞、獨覺乘者，皆以大乘而安立之。

「菩提」的梵語原始意思是「覺知、覺醒」，英譯為 enlightment，「悉令安住菩提道中」的菩提道，就是走向覺知的道路上。印度智者前往覺知的路徑有許多條，佛教世界裡則有三條路徑，分別是聲聞、獨覺與大乘三個覺醒之道，大乘即是菩薩乘。

聲聞之道是指聞佛陀音聲與修行「四諦法門」而悟道的人，這樣的修行稱為聲聞乘。獨覺之道是靠自己覺悟的力量而脫離生死，亦指體悟「十二因緣」而悟道的智者（又稱緣覺乘）。但藥師如來強烈建議選擇大乘之道，因為這條路徑擁有慈悲的能量。「慈悲與智慧」融合的境態，才是最圓滿的覺知狀態。至於，聲聞與獨覺等兩條路徑，並未刻意強調慈悲的重要，與大乘不同。

第四大願是發願當藥師如來於來世得到正覺時，如果有人行邪道，都要讓他們安住在菩提道上。若有修聲聞乘或獨覺乘的人，都要以大乘佛法讓他們安身立命。

第五大願，以菩提智慧安穩修行、遵守戒律，以聽聞名號的能量保護修行者不入惡途

　　願我來世得菩提時，若有無量無邊有情，於我法中修行梵行，一切皆令得不缺戒，具三聚戒。設有毀犯，聞我名已，還得清淨，不墮惡趣。

　　「於我法中修行梵行，一切皆令得不缺戒，具三聚戒。」其中「梵行」的梵語是 brahmacara，意思是強調生命過程中必須維持清淨或是安靜的行為。而「三聚戒」是大乘菩薩的三戒律，其概念很容易理解，但第一個「律儀戒」必須稍微說明一下，律儀是法律儀則，是國家社會「法律」與個人立身處世的「儀則」。第二項是強調行一切善的「善法戒」。第三項是菩薩乘的精髓「饒益有情戒」，強調慈悲的重要性。三聚就是三種聚合，是法律儀則、善法與慈悲眾生的總集。

　　只要弄清楚「梵行」與「三聚戒」的意思，就可以清楚理解第五大願。整段經文的意思是：願我來世得正覺時，如有無量無邊的眾生在藥師如來法門中修習清淨的行為，一切都要使所持的戒律不缺其一，達到具足完備的三聚戒。假設有毀犯戒律者，只要聽到藥師如來的名號後，便能回到清淨的境態，不會墮落到惡道。

第六大願，以菩提智慧讓眾生六根完具，以聽聞名號的能量讓眾生身心健康

　　願我來世得菩提時，若諸有情，其身下劣，諸根不具，醜陋、頑愚、盲、聾、瘖瘂、攣、躄、背僂，白癩顛狂，種種病苦，聞我名已，一切皆得，端正黠慧，諸根完具，無諸疾苦。

出生在良好家庭環境與擁有健全的身體，是第六願的兩件要事。「諸根完具」的意思是六根完美具足，六根是眼、耳、鼻、舌、身、意，為人體身軀的總集合。從第五大願開始，包含第六大願直到第十二大願，只要能夠連結到藥師佛的名號，代表下載了宇宙的能量，就可以實踐這些美好的願望。

藥師如來堪稱宇宙的身心靈超級醫師，看到第六大願的種種描述，讓人聯想到大醫院的分類法，涵蓋外科與內科，還有心理科與精神科，完備俱足各種病痛的分科分類。經文的內容是這樣的：願我來世得正覺時，如有生於卑賤下劣的身家，或是六根缺陷，容貌醜陋、心智頑愚等，或是眼盲聾啞、曲手跛足、駝背、癩瘋、顛狂種種病苦，只要聽到我的名號後，所有的一切都能轉為端正貌美、聰明機靈，六根健全無缺，沒有各種疾苦。

第七大願，以菩提智慧讓眾生除病離貧，以聽聞名號的能量讓眾生安樂豐足

願我來世得菩提時，若諸有情，眾病逼切，無救無歸，無醫無藥，無親無家，貧窮多苦。我之名號，一經其耳，眾病悉除，身心安樂，家屬資具。悉皆豐足，乃至證得無上菩提。

第七願的核心祈願是「除病離貧」，關鍵還是藥師如來的名號。只要「一經其耳」，即可實現願望而除病離貧，更可以證得無上菩提。「菩提」是梵語 bodhi 的音譯，意思是「覺」，更口語的解釋是「從迷惑中覺醒，進而體悟宇宙真理」。第七願的完整意思是：如有眾生受到種種疾病的逼切，無醫無藥可救治，無親無家可歸宿，貧窮又多病苦。如果他的耳邊一聽到藥師如來的名號，種種病苦全都能消除，達到身心安樂的狀態。家中所需資具也全都能豐實滿足，乃至於證得無上正覺。所以當親友遭遇病痛時，可以在旁為他念誦藥師如來的名號。

第八大願，以菩提智慧轉女成男，聽聞名號遠離女性生理上的百惡之苦

> 願我來世得菩提時，若有女人，為女百惡之所逼惱，極生厭離，願捨女身。聞我名已，一切皆得轉女成男，具丈夫相，乃至證得無上菩提。

在人類生理機制上，的確有很多情形是女性比較辛苦的，第八願提到「女百惡」是女性生理上的種種苦痛。相對的「丈夫相」代表男子之身，這樣沒有身體病痛的相狀又稱「勇健者之相」。第八願是藥師如來達到正覺之後的願望，如有女人因女性生理而承受百惡帶來的苦惱，極度厭惡而想捨棄女身。只要她聽到藥師如來的名號之後，來世都能轉女成男，具備丈夫相（男子勇健之身），而且能證得無上正等正覺。

第九大願，以菩提智慧遠離外道的束縛，讓修行者能安持正見，行菩薩道

> 願我來世得菩提時，令諸有情，出魔罥網，解脫一切外道纏縛；若墮種種惡見稠林，皆當引攝，置於正見，漸令修習諸菩薩行，速證無上正等菩提。

藥師如來的第九願提到了「魔罥網」，這是很特別的名詞。「罥」是捕獸的器具，音同「眷」。魔罥網是負面能量的困縛，如同魔獸網。「解脫一切外道纏縛」的「外道」一詞，指的是真理之外的道路。這段話意思是：藥師如來還在菩薩階段時，祂發願達到正覺時，要使眾生出離邪魔的陷阱囚網，解脫一切外道的纏縛。

接著藥師如來還要引攝已經墮入惡見稠林的眾生，「引攝」是佛經常見的用詞，意思是引持、牽提，口語的說法是引導、牽引。如果眾生已經墮入種種邪見，其心識像在濃密稠林中迷了路。藥師如來會引導他們回到正見路上，逐漸讓他們修習菩薩之道，而且可以迅速證得無上正等正覺。

第十大願，以菩提智慧免牢獄災，以聽聞名號的能量讓身心受苦的眾生得以解脫的福德威神力

　　願我來世得菩提時，若諸有情，王法所錄，繩縛鞭撻，系閉牢獄，或當刑戮，及餘無量災難陵辱，悲愁煎迫，身心受苦。若聞我名，以我福德威神力故，皆得解脫一切憂苦。

　　心靈的囚禁是痛苦哀傷的，牢獄的囚禁更是愁痛煎迫，藥師如來看到這樣的苦。在整本《藥師經》中，「威神」一詞只出現兩次，是非常必要時才會啟動的神奇能量。第一次是釋迦牟尼佛展現其威神能量，讓文殊菩薩與佛陀的弟子進行意識上的溝通。經文寫著「承佛威神」，佛即是指釋迦牟尼佛。第二次出現威神力是在第十願，藥師如來將以「福德威神力」來協助因為觸犯刑罰而入獄的眾生。

　　在《無量壽經》的描述中，「威神力」是一種「威勢勇猛、無法測度」的神通之力。此處，《藥師經》描述，如果眾生觸犯王法後以至於記錄刑罰，而被繩索捆鞭、囚禁牢獄，或行刑殺戮，承受了無量災難與凌辱，以致悲苦愁痛煎迫、身心受苦。如果聽到藥師如來的名號，以祂的福德與威神之力，都能解脫一切的憂苦。

第十一大願，以菩提智慧解飢飽足，以聽聞名號的能量讓眾生獲得上妙飲食及心靈法味

　　願我來世得菩提時，若諸有情，飢渴所惱，為求食故，造諸惡業。得聞我名，專念受持，我當先以上妙飲食，飽足其身，後以法味，畢竟安樂而建立之。

　　大自然界孕育的是天然的食物，而藥師如來還可以提供奇妙的飲食——「上妙飲食」，那是一種超越世間可以體驗的飲食。當眾生因飢渴困擾，為求食物安飽，便可能造作出種種惡業。有了惡業就會帶來負面能量的積聚，這時，藥師如來可以提供眾生上妙飲食，除了飽足身心，也能解除業力的反作用力（解說請見後面的單元 03）。採用「上妙飲食」之後，藥師如來再提出神奇的「法味」。法味是指妙法的滋味，意思是體驗佛法的美妙滋味。如此便能達到「畢竟安樂」的境態，這是一種至極安樂或是究竟安樂的善美狀態。

　　藥師第十一願的白話描述是：願我來世得正覺時，如有眾生受飢渴逼惱，為求食物安飽，造作出種種惡業。如果得以聽到我的名號，請專心念誦受持，那麼我將「先以」上妙飲食飽足他的身體，「再以」妙法滋味，建立究竟安樂的境界。

第十二大願，以菩提智慧讓眾生衣具滿足願，以聽聞名號的能量讓感官意識達到美好的境態

　　願我來世得菩提時，若諸有情，貧無衣服，蚊虻寒熱，晝夜逼惱。若聞我名，專念受持，如其所好，即得種種上妙衣服，亦得一切寶莊嚴具，華鬘塗香，鼓樂眾伎，隨心所翫，皆令滿足。

藥師第十一大願的重點是「上妙飲食」，而最後的第十二大願談的是外貌身形的「上妙衣服」。上妙是超越世間所能形容的美好，絕非人間的任何描述可以形容的美好。「種種上妙衣服，亦得一切寶莊嚴具，華鬘塗香，鼓樂眾伎」，短短的幾句經文顯示由視覺而後嗅覺，最後是聽覺的饗宴。其中，「華鬘」即是花鬘，是以花編織的裝飾品。在古代，印度人會以線貫穿花草，戴在胸前或頭頂當作裝飾品。華鬘自佛陀時代就有了，經過兩千年，直至今日的印度依舊盛行。

藥師最後一願的完整白話翻譯是：如果有眾生貧困缺衣，忍受蚊虻叮咬，還必須承受冬寒夏熱之苦，甚至日夜逼惱。如果聽到藥師如來的名號，專心憶念受持，就能如其所好，立刻獲得種種上妙衣服，並得到其他一切寶貴莊嚴的器物（如珠瓔鈴配，靴鞋等嚴身之具，此乃視覺之美），還能得花蔓塗香（嗅覺之美）、鼓樂眾伎（聽覺之美），隨順心意地欣賞或學習，並獲得滿足。

十二大願是十二個智慧與慈悲的結合

「自身光明，熾然照耀無量無數無邊世界」說明藥師的第一願是以能量光芒形式顯現，而最後一願「如其所好，即得種種上妙衣服，亦得一切寶莊嚴具，華鬘塗香」以此滿足眾生的物質所需。兩相對應色空無二的概念，心靈能量代表空，實體物質的層面是色，而在娑婆世界中，心靈能量與實體物質同樣重要。藥師十二大願由心靈層面走向物質層面的祈願，以滿足娑婆世界眾生的渴求，這即是「方便」的引導教法——隨方因便，以利導人。

藥師如來隨著不同的狀態，採取不同的方法，以十二大願漸進式地引導眾生獲得智慧。十二大願持續地期盼「願我來世得無上正等菩提」，每一願都提及這個祈願，這是祈求自己獲得智慧的根本願望。而獲得智

慧後所發的願轉為利樂他願，由「自覺」轉向「覺他」，也是由「自利」轉為「利他」的菩薩行，使眾生所求都能得到滿足，這即是大乘所著重的慈悲內涵。

最後還要提醒讀者，十二個大願中的第五、六、七、八、十、十一、十二等願望，都提及藥師如來名號的重要，面對許多世間難題都可以如此進行，經文寫著「聞我名已」或「得聞我名」或「若聞我」，這些「我」即是指藥師如來，身處不同狀態之下聽聞到藥師名號，都可產生巨大的影響力。

藥師的名號蘊藏精彩的宇宙節奏與音韻，孕育有情眾生的身心療癒力，就是下載宇宙智慧能量的密碼。三種方式傳遞密碼的方式是聽聞、憶念與稱名禮讚。請讀者認真看待名號，即能連結到藥師佛的引領能量，這是十二大願實踐的關鍵祕訣。

03 強大的藥師能量對治業力：現在、過去甚至未來

　　隨著「貪、瞋、痴」三種負面能量，會形成生命結束後不同的轉生狀態，《藥師琉璃光如來本願功德經》花了相當大的篇幅描述種種「業力」轉換的結果。簡單說來，《藥師經》除了處理「現在世」與「未來世」，也進行「過去式」業力的影響。這一點與其他經典明顯不同。

　　　爾時，世尊讚曼殊室利童子言：「善哉！善哉！曼殊室利！汝以大悲，勸請我說諸佛名號，本願功德；為拔業障所纏有情，利益安樂像法轉時諸有情故。」

　　「爾時」的意思是「那時」；「童子」的意思即是「法王之子」，通常是指大菩薩們，如文殊菩薩、觀世音菩薩或大勢至菩薩等等。這段文字的內容是：當時世尊稱讚曼殊室利童子說：「善哉！善哉！曼殊室利！你用大悲心來勸請我說諸佛的名號和本願的功德，是為了拔除纏繞眾生的業障，這是為了讓像法轉時的眾生獲得利益和安樂的緣故。」

諸佛的本願功德擁有強大且不思議的能量：影響業力的作用力

　　上述文字有兩個重點，文殊菩薩請釋迦牟尼「講說諸佛的名號」與「講說諸佛的本願功德」這兩件事。「講說諸佛的名號」等同於下載宇宙能量的密碼，可以為娑婆世界帶來宇宙的智慧能量，而「講說諸佛的本願功德」說明誦經者只要發願就可以帶來奇妙的力量，更何況是佛、菩薩的根本願力，祂們的發願能量更強大。

　　無論是「念誦諸佛、菩薩的名號」或是「虔誠的發願」這樣的法門，

可以形成兩個利益，分別是「拔除眾生業障」與「利益安樂眾生」。業障是由前生所作的種種罪惡而造成今生的種種障礙，如果今生所作所為都不如意，很可能就是業障的緣故。念誦諸佛、菩薩的名號以「拔除眾生業障」，等同於改變「過去」業力所帶來的反作用力。

在此進一步解說佛教業、業力與牛頓第三定律。

「業」在佛教上是指透由意識而產生的種種行為，包括身體、言語和心識等三業。三業依據內在的正能量與負能量概念下，被區隔成善業與惡業。在「業」的形成過程中，將會伴隨著行為、行動等「作用力」，我們稱之為「業力」。如果業力與因果概念結合，則是指由過去行為延續下來的影響力，簡單說過去的「作用力」將形成後來的「反作用力」。

於是佛教的業力符合牛頓第三運動定律，當兩個物體交互作用時，作用力必然成雙出現。其中一道力稱為「作用力」，而另一道力則稱為「反作用力」。不過，在佛教的概念稍有不同，即使是心識也會形成作用力，不會局限於兩個物體的交互作用。

透由佛像來轉動佛法的時代，這不是偶像崇拜！

上述經文還提到一個「像法轉時」的概念，意思是「透由佛像來轉動佛法」的時代，這樣的佛像並非偶像崇拜，而是透由「實體物質」的精細運用，進而追尋「抽象心靈」的純淨。這裡要特別提醒，誦經時，身、語、意三者必須並重，閱讀《藥師經》的文字，觀想藥師佛的身形，再透由藥師咒的音韻來接軌琉璃光的宇宙能量。

04 在真實世界創造純淨的修行空間：光影、淨水、花香、薰香

　　《藥師琉璃光如來本願功德經》的另一個龐大篇幅要點，就是摘要了「藥師儀軌」的精華，將六種供養融入生活之中，在真實世界創造一個純淨的修行空間。

　　如果依據「藥師儀軌」的核心概念去規畫一個城市規模的修行空間，那現代的日本京都是最相近的，這也難怪自唐代以來在京都就有藥師十二寺，並且一一對應於藥師十二大願。

　　令人驚奇的是，「完整參拜」京都藥師十二寺的習俗傳統，至今仍然保存完整，在日本稱這樣的宗教活動為「巡路」（或稱遍路）。京都十二藥師寺的巡路活動始於西元十世紀，這代表京都十二藥師寺都有千年以上的歷史了。

　　京都是東方的神祕勝境之一，擁有最純淨典雅的古都建物，最自然恬美的園林，也是現今保存《藥師經》相關文化最完整的城市。跟隨《藥師經》，京都的陽光、空氣、水形成愉悅的新空靈美學，參拜過程即是美好的「巡路」。《藥師經》在儀軌之處細說了供養佛、菩薩的物品，所有的過程共有六種，分別是花、塗香、水、燒香、飯食、燈明，這些完全表現在日本京都的生活美學，包括了花道（花）、香（塗香、燒香）、光影（燈明）、淨水（水）與精進料理（飯食）。

《藥師經》的五色彩緞錦囊，發展成現代的錦囊經袋

> 世尊！若於此經受持讀誦，或復為他演說開示，若自書，若教
> 人書，恭敬尊重，以種種華香、塗香、末香、燒香、華鬘、瓔珞、幡
> 蓋、伎樂而為供養。以五色綵，作囊盛之，掃灑淨處，敷設高座，而
> 用安處。

這段經文是文殊菩薩說，若能受持誦讀這部經典，或是為他人演說
開示，自己抄寫，或請別人抄寫，恭敬尊重，以種種花香、塗香、末香、
燒香，花蔓花環、寶飾瓔珞、幡蓋、奏樂來供養藥師佛。再以五色彩緞
製成錦囊，裝好經卷，並且灑掃潔淨處所，鋪設高座以安穩放置經卷。

經文提及的錦囊是錦緞製的袋子，古人會用來珍藏詩稿或機密貴重
的物品。在日本是用來保存納經帖，裡面蓋著寺廟特有的御朱印。在早
期的日本寺院中，信徒會前往寺廟抄寫經文，作為祈福之意。寺廟會提
供證明給抄寫完經文的信徒，稱之為「納經印」。隨著時間演變至今，這
個納經印成為了「御朱印」（在日文中，「御」表示一種尊稱），並且省去
了抄寫經文的步驟，提供給參拜者一種參拜、奉納後的祝福與證明。

上述經文中，比較容易混淆的是塗香與末香，塗香是將香塗在身體
上，通常是手腕或腳踝。末香的末是指粉末，在道場或寺廟撒粉末之香。
所以，塗香用於修行者身體，末香是撒在寺廟環境空間，兩者的使用方
式不同。

> 復次，曼殊室利！若有淨信男子、女人，得聞藥師琉璃光如來、
> 應正等覺，所有名號，聞已誦持。晨嚼齒木，澡漱清淨，以諸香華、
> 燒香、塗香，作眾伎樂，供養形像。

其中，「齒木」是指清潔牙齒的潔牙木，等同於古代的牙刷。塗香的
香是一種供物，以香味來啟動人類的嗅覺，是喚起人類大腦記憶的最快
方式。「供養」一詞就是「供應養分」。

這段經文的翻譯是：佛又對曼殊室利說，若有清淨正信的男子、女人，聽到藥師琉璃光如來、應供、正等覺等所有名號，聽了就念誦持咒。清晨醒來先刷牙漱口、洗澡，以清淨身體，然後再敬獻各種香花，包括燒香、塗香，並且演奏音樂，以如此方式來供養藥師如來的佛像。

嗅覺、聽覺與視覺的啟動

　　呼喚藥師如來的名號是啟動藥師佛最佳的方式，而清晨刷牙漱口、洗澡則可以純淨清淨念誦者的身體，提高誦經的效能。經文描述，只要能夠專注虔誠，藥師如來就會回應誦經者來自地球的呼喚，而誦經者可以因此啟動宇宙智慧能量的連結。藥師儀軌中，敬獻各種香花是運用嗅覺感官意識的優勢，演奏音樂則是啟動聽覺，而相狀優雅的藥師如來像是莊嚴的視覺感受。誦經的過程會集中於視覺、聽覺與嗅覺這三部分，同時啟動幾個感官，獲取宇宙智慧的效率會更好。

　　仔細分析佛教儀軌的方法，是以「觀想」方式於腦海啟動視覺功能，再由「誦經、持咒」發出聲韻開啟聽覺，至於「香」可以引動嗅覺感官，而嗅覺的運作是五蘊中最有效率的感官意識。

05 奇幻生死，死神的審判：
宛若陰陽師的迷離奇術

面對死神的召喚該如何面對？《藥師經》有其解法

　　山林中神祕奇幻的精靈也一次次出現在《藥師琉璃光如來本願功德經》，關於負面能量的意識體，如起屍鬼、魘魅蠱毒等，都有許多描述，這讓人聯想到日本非常流行的奇幻小說陰陽師「安倍晴明」的故事。《藥師經》對於山林精靈的描述非常活潑生動，但隱含著生命的深層概念。經中告訴我們，若要對付這些負面能量，只要呼喚藥師如來的名號：Baisajya（藥）‧Guru（師）‧Vaidurya（琉璃）‧Prabha（光）‧Raja（王），宇宙的正面能量就能協調負面的能量。

　　如何呼喚藥師如來的名號呢？經中提供了「憶念、聽聞與念誦」等三種方式，而且三者融合了視覺與聽覺的統整效果，也強調了個人意識的不可思議。

　　《藥師經》中還有相當細膩的死亡審判。由佛陀弟子阿難與救脫菩薩進行的一場生死對談，談話的重點在於「病危」與「死亡過程」的「解難」。對治的法門明晰嚴謹，而閻魔王的審判過程似夢如真，再加上對山林奇幻精靈的描述，都讓人宛若進入奇幻小說之中。於是，在誦讀過程中的感受格外豐富生動，一點都不枯燥。

　　　然彼自身，臥在本處，見琰魔使，引其神識，至於琰魔法王之前。然諸有情，有俱生神，隨其所作，若罪若福，皆具書之，盡持授與琰魔法王。爾時，彼王推問其人，計算所作，隨其罪福而處斷之。

　　念誦此段經文，時常能感受到病患肉體消失與暫存的瞬間，經文的敘述像是死亡的探索與觀察。畫面生動、活靈活現，像是一幅又一幅專

業的攝影與文學作品。念誦時，腦海中最好能浮現經中的畫面，藉此練習自己的視覺影像能力，更深切地走進藥師如來的觀想世界。

「俱生神」宛若生命歷程的隨身碟，記錄此生的一切

先解釋上述經文幾個關鍵梵語名詞，「琰魔」是梵語 yama 的音譯，原本的意思是死亡之神（死神）。「琰魔」一詞在中文音譯中比較常見的是閻羅王，「琰魔使」就是閻羅王的使者。「引其神識，至於琰魔法王之前」中，「神識」的字面意思是「精神意識」或是「靈魂意識」，琰魔法王即是閻羅法王。弄清楚這幾個字詞，念誦這段經文就容易多了。

「然彼自身，臥在本處，見琰魔使，引其神識，至於琰魔法王之前。」這段經文是描述病重者躺臥在病床，見到閻羅王的使者前來牽引他的神識的過程。「琰魔使」牽其靈魂意識來到「琰魔法王」的面前。《藥師經》繼續寫著：「然諸有情，有俱生神，隨其所作，若罪若福，皆具書之。」意思是說眾生都有個與生俱來的神識，稱為「俱生神」。隨著個人作為，或罪或福全都被記錄在「俱生神」。

「俱生神」宛若生命歷程的隨身碟，記錄人一切的所作所為。當來到命終，閻羅法王開啟這份個人隨身碟，所有生命經歷的內容就會呈現於閻羅法王面前。這時，法王會依據檔案的資料推斷並審問病重者，計算其一生作為，根據罪福的輕重，處理斷定其業報。此刻，業力（karma）龐大的力量在此全力啟動了，病重者就算想躲也躲不掉。這時該如何是好呢？經文描述了解方，也就是下個單元的五色神幡與續命燈。

「若罪若福，皆具書之」，「俱生神」記載了此生的所有業，無論好壞都完整記錄，這與《西藏生死書》的「業行記錄簿」應該是指同一件事。接著，我們來看另一段精彩的經文，談的是山林樹塚、魘魅蠱道的魔道幻術。

山林樹塚、魘魅蠱道的魔道幻術

告召山林樹塚等神，殺諸眾生，取其血肉，祭祀藥叉、羅剎婆等，書怨人名，作其形像，以惡咒術而咒詛之；魘魅蠱道，咒起屍鬼，令斷彼命，及壞其身。

十二藥叉神將是已經提升智慧能量的山林意識體，為藥師如來在地球的得力助手。但那些尚未走進智慧道路的山林精怪，依舊是讓人怖畏恐懼的，那個狀態的藥叉不同於十二神將，而是一群會傷害人類的山林鬼靈。其中有一種能行走、飛行快速，牙爪鋒銳，專吃人血、人肉的惡鬼，佛經稱為「羅剎婆」，這是梵語 raksa 的音譯。《藥師經》中還有一位「起屍鬼」（Vetada），指的就是僵屍，經中描述這些山林精怪被懂得魔法的術士操控來為惡傷人。

過程中，魔法師利用幻術呼喚山林、樹木、塚墓間的鬼神，透由宰殺六畜眾生的儀式，取其血肉祭祀藥叉、羅剎婆等惡鬼。或是在草木做成的人像上書寫仇人的名字，以惡毒的咒術咒詛之。還有以惡夢鬼魅的邪術逼害，利用起屍鬼的僵屍幻術，奪取仇人的性命，毀壞仇人的身體。「魘魅蠱道」中，「魘」是指惡夢，「魅」是鬼魅，會帶來迷惑，兩個字合併的魘媚就是「惡夢鬼魅」，是假借鬼神作法害人的一種妖術。

這類幻魔妖鬼與山靈精怪的描述，頗似日本夢枕獏《陰陽師》系列書籍。該書寫的是薩滿教（Shamanism）的範疇，也就是萬物皆有靈。其實，量子力學權威科學家大衛・波姆（David Bohm）也認為所有山岩、海水都具有振動的能量。

懂得魔法的幻術師會讓山林的振動能量轉化成傷人的負面能量。而相同的自然界能量，在充滿慈悲的藥師如來手中卻是善美的能量。破解魘魅幻術的方法如下，簡言之就是憶念藥師如來的名號，利益安樂，無損惱意！

破解鬼魅術士的魔法：
聽聞藥師如來名號而後升起慈悲之心

是諸有情，若得聞此藥師琉璃光如來名號，彼諸惡事，悉不能害。一切展轉皆起慈心，利益安樂，無損惱意及嫌恨心；各各歡悅，於自所受，生於喜足，不相侵陵，互為饒益。

這是非常強調呼喚名號的一段文字，比較需要解釋的是「展轉」一詞，它是指「輾轉，間接」之意。《藥師經》中破解鬼魅術士的魔法很簡單，人們若是能聽聞藥師琉璃光如來的名號，上述惡事全都不能造成任何傷害。「一切展轉皆起慈心」，就是指一切都會轉而生起慈悲之心，利益安樂；沒有損害他人的煩惱意與嫌恨心。人人歡悅，各自身受喜悅滿足，不相侵凌，而變得互為饒益。

轉換負面的因緣而成正面的因緣，就是因為慈悲之心！

06 巨型的護身符五色神幡與充滿光能的續命燈

《藥師琉璃光如來本願功德經》還有兩個重要的物品:「五色神幡」與「續命燈」,經中多次詳細描述,這是「藥師儀軌」最重要一部分的說明。前文中,介紹了「俱生神」宛若生命歷程的隨身碟,當來到命終,閻羅法王依據此個人檔案來斷定其業報。業力龐大的力量在此全力啟動了,病重者躲也躲不掉。

這時該如何是好呢?藥師儀軌提供了「五色神幡」與「續命燈」兩個奇妙的法門。

佛陀的弟子阿難與神聖意識體救脫菩薩談論「九橫」,也就是九種橫死。橫死不是一個正常業力的死亡過程,這時也是採用「五色神幡」與「續命燈」的神奇能量。

「五色神幡」就像是巨幅的護身符,擁有五種色彩的能量,在寺廟儀式的進行過程中,除了可以守護個人,也可以保護寺廟,甚至整個城市。「續命燈」是延續生命的能量場,透由寺廟的點燈儀式連結到宇宙智慧體的功能,在《藥師經》裡,最重要的宇宙光能即是琉璃光、日光與月光等三種光能。

五色神幡與續命燈就如同光能夠透由物質來呈現其能量,這在量子科學的「波粒二元論」(波代表能量,粒子代表可以觀察到的實體)都有可做對比的實驗,其概念就是心經的「色空無二」(空對應無形無相的能量,色代表可以觀察到的實體)。

完整陳述藥師儀軌

　　然四十九燈，造彼如來形像七軀，一一像前，各置七燈，一一燈量，大如車輪，乃至四十九日，光明不絕。造五色彩幡，長四十九搩手，應放雜類眾生，至四十九，可得過度危厄之難，不為諸橫惡鬼所持。

　　這段經文中，仔細描述了寺廟進行藥師法會的儀軌，要點燃明燈四十九盞，製作藥師佛如來的聖像七尊，這是「像法轉時」的供養過程。在每尊像前各放七盞燈，每盞燈的光量像車輪那麼大，可以想像那畫面是多麼龐大而震撼，這並非個人平日的禮佛，而是寺院的大型法會。燃燈過程將會進行四十九天，光明不絕。

　　除了製作五色彩幡，長四十九搩手，還應放生各類動物等四十九個，這樣可以度過危厄災難，不被種種橫禍惡鬼夾持。其中，「搩」（音同「折」）是古代利用手的長度來丈量的單位，長度約略近於手掌張開時拇指到食指的距離。「應放雜類眾生」的「放」即是放生，此句的意思是放生各類動物。

　　此處還提到了五色續命神幡，這五種顏色對應宇宙五方佛的能量色澤，而神幡是宗教上神聖的旗幡，呈現出佛教儀軌的特質，也就是透由宗教法會儀式達到安穩人心的效果。

對王者之尊的叮嚀

　　五色續命神幡基本上是護身符的極限化，由個人身上配戴的護身符放大轉換成寺廟的護身符。「五色神幡」與「續命燈」都是重要生命能量

的轉換中心。《藥師經》對王者之尊（國家領導者）的叮嚀中，也建議遭遇國家災難的緊急狀況時，必須使用「五色神幡」與「續命燈」。

　　　　阿難！若帝后妃主、儲君王子、大臣輔相、中宮綵女、百官黎庶，為病所苦，及餘厄難，亦應造立五色神幡，然燈續明，放諸生命，散雜色華，燒眾名香，病得除愈，眾難解脫。

　　無論是帝后、妃主，或是儲君、王子、大臣、輔相，以及後宮綵女、百官與一般民眾。如果因病而苦，或是遭遇種種厄難，這時也應該製作五色神幡，燃燈維續光明，放生種種動物，撒各色花蔓，燒種種名香，那麼即可消除疾病、獲得痊癒，解脫種種災難。

　　花、塗香、水、燒香、飯食、燈明等六供物中的「香、花、燈明」再度被提及。

07 藥叉五色縷守護地球的人類：解開業力形成的怨結

　　業（karma）這個字，在梵語的意思就是「行為」或「所做」。生命意識體透由一切身、口、意所有「製造有意念的活動」，統稱為「業」，又因為有「製造」的過程，於是形成「造業」這個詞。只要製造負面的業，個人就必須去承擔後果，這完全符合牛頓第三定律的作用力與反作用力。業障是《藥師經》相當重要的議題，反覆出現在經文中。在《藥師經》的最後，娑婆世界的十二藥叉神將正式登場，主帥率領各自的眷屬，當著佛陀面前宣示願意致力守護人類。這部分讓人想起電影《魔戒》裡「精靈們」歃血為盟的場景，只不過十二藥叉神將是為了協助眾生共同面對個人所製造的業。其中，「藥叉五色縷」格外特殊，經文中有詳細的說明。

「解結」是解除人們因為業力所結下的怨結

　　「藥叉五色縷」中，「解結」的功能是解除人們因為業力所結下的怨結，這是再次表現出《藥師經》對治業力的精髓。十二藥叉神將賦予《藥師經》活潑的生命力，宛若「布袋戲」最重要的人物於最後登場，是經中的精髓。此經還特別註解《藥師琉璃光如來本願功德經》又稱《十二神將饒益有情結願神咒》，而且安置於經文的尾端作為終結，足見十二藥叉神將的重要性。

　　隨於何等村城、國邑、空閒林中，若有流布此經，或復受持藥師琉璃光如來名號，恭敬供養者，我等眷屬，衛護是人，皆使解脫一切苦難；諸有願求，悉令滿足。或有疾厄求度脫者，亦應讀誦此經，以五色縷，結我名字，得如願已，然後解結。

藥叉五色縷結十二神將的名字，得如願已，然後解結

「亦應讀誦此經，以五色縷，結我名字，得如願已，然後解結。」其中，五色縷即是五色線，解結的意思是「消除厄難，解開惡結」。「結我名字」的「我」是指十二位藥叉神將，有以下兩種結法。

第一種方法是做出實體名字，選用五色絲線結出十二藥叉大將的梵文名字，製作難度非常高。方法二採簡易象徵法，每念誦一位藥叉大將的名字，就用五色絲線打一個結，如此稱念十二藥叉大將，一共打十二個結，這個方式就輕鬆多了。現在，五色結已經成為佛教重要的隨身文物。量子力學也同意這樣的連結方式，因為宇宙的因緣依據性質不同，可以連結惡與善的能量。

恭敬供養者，十二神將與其眷屬衛護這些人，皆使解脫一切苦難

經文中，十二神將立下誓願，護持藥師如來，並說隨於任何村莊、城市、國都，甚至空曠山林，只要那裡傳布流通這部《藥師經》，或有受持藥師琉璃光如來名號或是恭敬供養的人們，這三種狀態之下，十二藥叉神將與其眷屬會共同保護守衛他們，使其擺脫一切苦難。

不僅如此，眾生的所有祈願都能獲得滿足。經文中明確說明，如有疾病和苦難需要解脫的人，應當誦唸這部《藥師經》，以五色線結出十二神將等名字，可以實現自己的願望，然後得以消除厄難、解開惡結。十二神將的名號就是真言咒語，五線結則像是宇宙咒語的載體，儲存了咒語聲韻的振動能量。

08 智慧法門難得一見的「經、咒、儀軌」三合一

> 爾時阿難白佛言：「世尊！當何名此法門？我等云何奉持？」佛
> 告阿難：「此法門名說『藥師琉璃光如來本願功德』，亦名說『十二神
> 將饒益有情結願神咒』，亦名『拔除一切業障』，應如是持。」

《藥師琉璃光如來本願功德經》是非常特別的佛教典籍，經、咒、儀軌三者具備，非常完整，卻很罕見。「經」是人類看得懂的文字語言，「咒」是佛、菩薩溝通的能量密碼，「儀軌」是修行過程中念經、持咒的儀式軌則。無論持咒與念佛，或是進行儀軌，都要持久、一心專注。

不過，念經、念佛與念咒多少有些不同。念經要瞭解經義，念佛也要明瞭佛的名號及其本願功德，而且要知道「佛的名號也是咒的一種」。至於佛號以外的其他咒語，含義可能非常多，傳統上認為不必了解，修行者只須集中精神持念就行。

真的不必理解咒語的意義嗎？新時代的學習方式或許可以稍微調整，試著先「約略」了解其意，避免不明其義的喃喃自語，接著再專心念誦體驗，這樣可以增加體會咒語的實際經驗。雖然未必能明確了解其中意義，但其中潛在的力量仍會被啟動。長期持咒的人大多都感受過咒語的能量，雖然隱而不顯，有時看不見，也想不透，而能量作用卻是非常龐大。

儀軌也是非常重要的，許多人誦經時都輕忽這個部分，草率地進行「前行儀軌」與「後續儀軌」，這樣就少了誦經前後安定身心靈的清淨過程。

十二神將守護此生的眾生，八大菩薩護持眾生前往另一個世界

　　若聞世尊藥師琉璃光如來名號，臨命終時，有八大菩薩，其名曰：文殊師利菩薩、觀世音菩薩、得大勢菩薩、無盡意菩薩、寶檀華菩薩、藥王菩薩、藥上菩薩、彌勒菩薩。是八大菩薩，乘空而來，示其道路，即於彼界種種雜色眾寶華中，自然化生。

　　當人生活在娑婆世界時，是由十二神將來守護，生命結束之後，由八大菩薩護持前往淨琉璃世界，這兩個不同空間在《藥師經》都有豐富的處理法門。

　　只要聽聞「世尊藥師琉璃光如來」的名號，臨終時將有八位大菩薩前來接引，將人類的意識引入宇宙神聖空間。祂們乘空而來，指引道路前往東方琉璃世界，而修持者將在種種顏彩相間的蓮花中自然化生而出。「化生」是一個特別的生命過程，是突然而生，變化而生，「瞬間」發生的，也就是一種沒有懷胎受孕、突然而生的奇妙過程。

量子糾纏談意識與宇宙空間

　　東方琉璃世界是美麗清淨的生命空間，八大菩薩等同於宇宙八股智慧能量。因為平日的專注念持，這些宇宙神聖意識體會在「關鍵時刻」啟動並前來接引我們的意識，將修行者的意識轉入藥師如來的神聖空間。

　　關於意識與宇宙之間的關係，近代量子意識的理論有好幾種，影響最大的是英國劍橋大學的羅傑‧彭羅斯教授和美國的史都華‧哈默洛夫教授創立的理論。

彭羅斯曾與史蒂芬‧霍金（Stephen W. Hawking）合作發現了黑洞的各種特徵，是現代頂級的物理學家。按照彭羅斯和哈默洛夫的理論，意識不光是存在於我們的大腦神經系統細胞之中，也不是像腦神經科學家認為的那樣，只是在大腦神經細胞的電子交互而已。他們認為，意識也形成在宇宙之中，因為宇宙中不同地方的電子可能是相互作用，相互連結。量子科學稱為這種連結為「量子糾纏」（quantum entanglement）。

「量子糾纏」重要的結論之一是，宇宙一定有個空間存在著人的意識。如果人的意識不光存在於大腦之中，也透過量子糾纏而存在於宇宙某處，那麼在人死亡的時候，意識就可能離開身體，完全進入到宇宙中。而《藥師經》認為八位宇宙神聖意識體（八大菩薩）會來接引臨終者的意識。如果沒有祂們的接引，我們的意識將會去哪裡呢？

一段話弄清楚《藥師經》的完整功德與深層含意

除了八大菩薩的引領之外，《藥師經》還包括超越過去、現在、未來時空的業力處理，這與《阿彌陀佛經》只處理未來明顯不同。《藥師經》是非常珍貴的佛教經典，我們應該認真念誦，透由自力的覺醒能量與他力的如來威神的結合，從藥師經文、藥師咒直到藥師儀軌，全面開啟修行過程的智慧潛能。

《藥師經》的法門究竟有多神奇？

佛告阿難：「此法門名說『藥師琉璃光如來本願功德』，亦名說『十二神將饒益有情結願神咒』，亦名『拔除一切業障』，應如是持。」

❶ 本願功德，❷ 結願神咒，❸ 拔除一切業障，說明了全部的重點。

仔細看待《藥師經》的三種經名，意義非凡，功能各異。第一個是《藥師琉璃光如來本願功德》，「本願」的意思是根本願望，說明發願可以帶來神祕的能量與美好的功德。第二個經名是《十二神將饒益有情結願神咒》，其中「結願」的意思是「法會之末連結美好的願力」，「結」這個字包含了「結束」（法會之末）與「連結」雙重意涵，同時，這個經名也意味者此經可以展開十二藥叉的山林神力。而業障是業力形成的障礙，它是最後一個經名的精華。《拔除一切業障》意味著拔除過去、現在與未來的生命障礙。

　　根本願望（本願）、連結願望（結願）、去除生命的業障，三個關鍵核心構成這一部神聖經典。

PART5

後續儀軌：
誦經後的總複習

01 最主要的真言咒語：認真複習藥師灌頂真言

〈藥師灌頂真言〉（亦稱〈藥師咒〉）即是連結藥師如來的咒語，被列入每天念誦的十小咒之內。在身體能量虛弱的時候，念誦此真言是一個很好的選擇，它可以將自己的心停留在純然祥和寂靜的境界中，並在持咒之中體會個人身體的存在、呼吸的節奏，以及感官的覺知，非常適合天天念誦。

持念藥師咒，可以與藥師如來的願力相互交感，而得以消除病痛，這是有病痛時向藥師如來懇求救濟的一種密碼。我們在這個單元先認識其中的意義，往後再致心持念，更能與藥師如來的慈悲願力發生感應，達到消除病苦的目的。

重新學習真言咒語，改換新時代的學習方式

經文上寫的是唐代時的梵語音譯：「南謨薄伽伐帝。鞞殺社。窶嚕薜琉璃。鉢喇婆。喝囉闍也⋯⋯」這些音譯的是依據唐代的發音，如果照著現代國語拼音念誦，與真正的梵語發音就有些距離了。不只這個問題，甚至有些字還唸不出來，像是鞞殺社、窶嚕、鉢喇婆等等，對現代人來說既陌生又艱澀。

面對咒語的學習，筆者強烈建議改成羅馬拼音的記憶方式，而且要瞭解其義，這麼做不只有助於記憶，更能內化於心。

傳統念誦漢譯（純淨念誦，單純但不解其意）

南謨薄伽伐帝。鞞殺社。窶嚕薜琉璃。鉢喇婆。喝囉闍也。
怛他揭多也。阿囉喝帝。三藐三勃陀耶。怛姪他。
唵。鞞殺逝。鞞殺逝。鞞殺社。三沒揭帝莎訶。

新的學習方式（採羅馬拼音並理解其意，將精神內化於腦海）

namo（歸敬）　bagavate（世尊）

baisajya（藥）　guru（師）　vaidurya（琉璃）

praba（光）　rajaya（王）

tathagataya（如來）　arhate（應供）

samyaksambudaya（無上正等正覺）

tadyata（即說咒曰）

om（嗡）　baisajye（藥）　baisajye（藥）　baisajya（藥）

samudgate（顯現）

svaha（吉祥成就）

千錘百鍊精心保存下來的神聖語言

咒語是連接宇宙神聖力量的神聖祕法，更是下載諸佛、菩薩的願力與功德的快速路徑，用佛教的語彙來說，就是獲得佛、菩薩的「加持能量」。佛教世界裡，有傳誦千年的重要十小咒，是在數千個咒語之下經過千錘百鍊、精挑細選的咒語，超過一半在唐代就已經開始流傳，藥師咒即是其中的第六個。

十小咒長久以來是寺院僧侶早課的重點，全寺修行者於每日清晨寅時、丑時之間，也就是凌晨三點到六點之間，僧侶齊集大殿一起念誦。佛教咒語上千，藥師咒能列入十小咒，足見其重要性。這些梵字含藏宇

宙能量，咒語的一開始是呼喚藥師如來的各個名號。每個名號都充滿強烈的能量，也是神聖的智慧密碼，在念誦時心意虔誠，就可以下載它們的能量到我們的身體。

念誦完名號之後，接著是「藥師心咒」，獨一無二的一組真言咒語。「藥師心咒」呼喚宇宙聖藥的「生起」（samudgate），samudgate 這個梵字的念法接近「薩母德嘎碟」。所謂的「生起」就是由「抽象」的宇宙能量轉換成「實體」物質的顯現，含有誕生、生起的意思。這是非常關鍵的咒字。

藥師心咒：唵。鞞殺逝。鞞殺逝。鞞殺社。三沒揭帝莎訶。

om baisajye baisajye baisajya samudgate svaha

〈藥師咒〉可以下載藥師如來的智慧明光

此咒易記易學，首先稍微了解其意，接著在重複的聲韻振動下忘卻思維的運作，讓深層的心識運轉進而擺脫形相的限制。這時候可以超越邏輯思考的認知（thoughts），啟動自己的直覺意識（intuition）。一旦啟動直覺意識，就非常有機會融入藥師如來的智慧明光（wisdom），可以有效療癒「身體」與「心靈」兩種層面的痛苦。

先是邏輯思考（了解咒語意思），而後是直覺意識（超越邏輯思考），最後連結智慧明光（佛菩薩的加被），這是大腦意識三種層面的進展，每個階段都是必要的，能循序漸進地持續增強吸收能量的效果。

在修持《藥師經》時，一旦你感受到藥師如來的能量，自然會讓人敬畏「宇宙運轉」的能量。別忘記，「法」（dharma）這個梵字的原意就是「宇宙運轉」的法則，修習佛法就是在領悟宇宙的法則。念咒的過程中，總是會隱約感覺到一道微妙的光芒，那是來自宇宙的能量。這樣神聖的存在會感動心，讓人體驗到純粹的喜悅，也相信奇蹟是可以發生的。

而且在此咒語的護持之下，當生命歷程結束之後，修行者離開人類居住的娑婆世界，其心識就可以轉往藥師如來在宇宙東方寧靜美好的場域，也就是淨琉璃世界。《藥師經》告訴我們，只要認真修持，就可以由八位菩薩護送前往這個神聖淨土；只要平日安穩地修持《藥師經》，會感受到人生有個更高的目標，未來會前往更美好的神聖空間。

念誦時記得觀想藥師如來的身形

〈藥師咒〉說來不長也不短，是非常值得學習的咒語。它代表宇宙東方的療癒能量，念誦此咒能淨化身體與生起心靈的宇宙聖藥。再次提醒讀者，「生起」（samudgate）一字務必熟記，它與藥（baisajya）是藥師咒中最關鍵的兩個咒字。

不過，在藥師如來的儀軌中除了透由咒語升起生藥，還必須透由觀想升起藥師如來的身形。

如何進行觀想呢？在持咒一開始時，要在腦海中認真想像藥師如來的藍色身形，想像祂如同琉璃（vaidurya）般純淨清透，那是個無量清淨的智慧光明體。圖像在大腦中的運作，即是大乘佛教的修行法門：「觀想」。努力讓自己每次持咒時，都要能觀想到相同的景象，這樣才能增加對咒字的熟悉度與穩定度。

這種視覺想像的能力稱為「觀想力」（visualization），主要目的是將咒語中的含意予以視覺化或具象化。慢慢的，每天都讓自己浸潤在咒語充滿能量的音頻振動中，腦海中同時存在咒語所描述的心靈景態。

明確訴説自己的病痛之處

當處於病痛的狀態時，還要先虔誠且「明確地」告訴藥師佛，自己的病痛之處，以誠摯的心來呼喚祂所具備的神奇療癒力。明確地說出自己的病痛，是持咒重要的態度，也就是前文提到「人類的情緒」是強大的溝通語言，任何宗教的祈禱都是如此，宇宙的神聖意識體聽到人類的至誠呼喚，才會認真地回應。

過程中，同時要努力去感受藥師如來的慈悲能量，而非只是反覆單調地重複念誦。如此才能讓咒語的聲韻連結藥師佛的神聖力量，讓宇宙聖潔的藥能超越時空的限制並顯現而出。

解析〈藥師咒〉

藥師咒實在太重要了，以下仔細解釋每一個咒字。

第一組咒語（7個梵字）：身心能量虛弱時，皈依琉璃光王

namo　bagavate　baisajya-guru-vaidurya-praba-rajaya
南摩　巴嘎瓦碟　拜莎賈－古魯－外度里亞－普拉把－拉加亞
（原漢譯為：南謨薄伽伐帝。鞞殺社。窶嚕薛琉璃。鉢喇婆。喝囉闍也。）

在身體能量虛弱的時候，念誦藥師如來的咒語是非常好的選擇。namo bagavate baisajya-guru-vaidurya-praba-rajaya 是咒語一開始的歸敬文，意思是至誠地將心識奉獻（namo，皈依）給這位被世人尊敬（bagavate，世尊）的智慧泉源。將自己的心停留在純然祥靜的境界中，然後持續地持咒，去感受個人身體的存在、呼吸的節奏，以及感官的覺知。

先不帶任何價值判斷，直接感受身體的內在反應，專心念誦祈請藥師（baisajya-guru）的指導與保護。baisajya（藥）是藥師咒核心中的核心，呼喚祂的名號來生起宇宙聖藥。guru，念成「古魯」，在印度梵語是「導師」的意思。在大乘佛教中，藥師如來是證悟宇宙真理、解脫煩惱的佛陀，更是擅長醫藥的導師，是宇宙最偉大的心靈與身體的導師，所以敬稱祂為 guru。

觀想是在心中創造諸佛、菩薩的身形，於大腦機制的運作是有形有相的神聖畫面。我們還要透過咒語的聲韻，進入無形無相的境界，啟動另一種智慧能量的形式。學習去尋求真正解脫的智慧，真誠地皈依給這位琉璃光王（vaidurya-praba-rajaya）。琉璃、光、王，這裡有三個真言咒字。首先，「琉璃」的梵語為 vaidurya，發音接近「外度里亞」，此字經過考證，在古代印度是指一種藍色寶石，名為「青金石」，這剛好符合藥師如來藍色的身形。

接下來繼續專注持咒，在重複的聲韻振動下忘卻思維的運作，這樣的狀態將會擺脫自身的限制，超越邏輯思考的認知，融入藥師如來的那股智慧明光（praba），praba 這個真言咒字是非常重要的神聖字彙，經常出現於佛教典籍，一定要牢記。而藥師的宇宙智慧是萬物無形的源頭，已經是超越語言文字所能描述的，呈現強度的宇宙光能照耀無盡無邊的空間，這位神聖意識體已經達到證悟的最高境界，所以是覺悟之「王」（rajaya）。

第二組咒語（3 個梵字）：呼喚萬物無形的源頭，達到終級智慧的圓滿覺醒

tathagataya　arhate　samyaksambudaya
塔塔嘎塔亞　阿日哈碟　三彌亞科三布達亞
（原漢譯為：怛他揭多也。阿囉喝帝。三藐三勃陀耶。）

第二組咒語依舊是藥師如來的名號。藥師如來處在淨琉璃世界，會不會來到我們居住的地球呢？會的！因為祂的智慧能量可以來去任何的宇宙空間，也就是「如來」（tathagataya）一詞的奇妙狀態。

來哪裡？又是去哪裡呢？藥師已經達到覺悟成就的智慧狀態，可以自在地「去」到超越世俗的寂靜場域，這是佛陀境界才擁有的神聖能力，《藥師經》稱這個能量為「威神力」。而當眾生虔誠的呼喚，祂會以慈悲之心來垂化眾生，這時候就會「來」到這個娑婆世界，療癒眾生身體與心靈的苦痛。所以，藥師佛稱為「如來」，也就是 tathagataya 這個字，其發音接近「塔塔嘎塔亞」。

由於藥師如來的療效能力與慈悲守護眾生的心識願力，值得人類與天神的供養，所以佛經再尊稱祂為「應供」（arhate），即「應該供養」的意思。梵語 arhate 的古代傳統拼音為「阿羅漢」，其實發音比較接近「阿日哈碟」。最後，藥師如來的智慧已經是完美的證悟境界，透徹宇宙真理，解脫一切煩惱，我們尊稱這樣的智慧境界為「正等正覺」（samyaksambudaya）。

第一組七個梵字，再加上第二組的三個梵字，總共十個真言咒字，構成了歸敬文。其完整意思就是：至誠地奉獻給世尊（bagavate）藥師（baisajyaguru）琉璃光王（vaidurya-praba-rajaya）如來（tathagataya）應供（arhate）正等正覺（samyaksambudaya）。不同的尊稱，都代表了藥師不同的特性。

namo　bagavate　baisajya　guru　vaidurya　praba　rajaya
歸敬　　世尊　　藥師　如來　　琉璃光王
tathagataya　arhate　samyaksambudaya
如來　　應供　　無上正等正覺

第三組咒語（7 個梵字）：進入咒語核心，呼喚宇宙的能量

tadyata　om　baisajye　baisajye　baisajya　samudgate　svaha

達底亞塔　嗡　拜莎傑　拜莎傑　拜莎賈　薩母德嘎碟　斯瓦哈

意譯：即說咒曰　嗡　藥　藥　顯現　吉祥成就

（原漢譯為：怛姪他。唵。鞞殺逝。鞞殺逝。鞞殺社。三沒揭帝莎訶。）

　　前面第一組與第二組是呼喚藥師佛的名號，而在「即說咒曰」（tadyata）之後，正式進入咒語的核心，也就是〈藥師心咒〉。首先，呼喚宇宙強大的聲韻：嗡（om），由它來啟動後面最關鍵的咒字：藥（baisajye、baisajya），其發音分別是「拜莎傑」與「拜莎賈」。此咒連續三次呼喚「藥！藥！藥！」。接著的 samudgate 是動態語詞，除了「產生、生起」的意思之外，還有「顯現、顯露」的意思。這個字的念法接近「薩母德嘎碟」。這個咒字結合 om 的力量，祈請藥師如來讓藥生起，讓藥顯現而出。最後一個梵字 svaha，發音近似「斯瓦哈」，是念誦經文經常出現的結語咒語，意思是「吉祥成就」，成就一個完美圓滿的事。

總結〈藥師咒〉：增強生理的免疫力，提升心理的療癒力

　　〈藥師如來灌頂真言〉（藥師咒）是能量非常充沛的咒語，誦讀此咒不只可以增強生理上的免疫力，也可以增強心理上的療癒能力，後者可以保護我們不受外在負面能量的干擾，讓藥師佛的正面能量來協助眾生，將負面能量阻絕在外，例如憤怒、恐懼、沮喪等情緒。

　　每當覺得需要增強個人的免疫力時，請使用這個簡單卻相當有效的念咒方法，平緩用心地念出：om baisajye baisajye baisajya samudgate，也就是「嗡！藥、藥！藥顯現出來！」

　　完成任務之後，最後還要念誦一個咒字 svaha（斯瓦哈），來表示吉

祥成就。svaha 不僅是咒語結尾的祝福詞，在古代使用此咒字的狀態是「手捧供物給諸神的感歎詞」，意思是「好好地放置」或「安住不退轉」，所以也可以解釋成好好地安置這些神聖咒語，讓這些咒語的能量安住不退轉，讓藥師如來的藥源源不斷。

藥師咒有大咒、小咒之分；大咒就是上述十七個梵字的咒語全文。小咒則是「心咒」，也就是最後的七個梵字：om baisajye baisajye baisajya samudgate svaha。在「緊急」或「繁忙」時，只要念誦心咒七個梵字即可。

02 一分鐘記住《藥師經》的核心要義：解冤偈

解結解結解冤結　解了多生冤和業
洗心滌慮發虔誠　今對佛前求解結
藥師佛　藥師佛
消災**延壽**藥師佛
隨**心**滿**願**藥師佛

佛經的吟詠讚歎，點出《藥師經》的核心要義

後續儀軌是咒、偈、讚和迴向文的「總結集」，是古代優秀智者對《藥師經》所做的重點紀要，讓修行者唸完《藥師經》之後再進行簡短又精要的總複習。認真進行後續儀軌，肯定可以大幅提升學習的效果。

《藥師經》的後續儀軌中，包括了這個解冤偈，解冤偈的「偈」字是梵語 gatha 的音譯，義譯為「頌」，有著讚美、讚頌的意思。佛經儀軌中的偈，等同於佛教文學的詩歌，是吟詠讚美的文字。

偈不一定要押韻，但通常是四句偈，像《金剛經》第三十二品裡的四句偈：「一切有為法，如夢幻泡影，如露亦如電，應做如是觀」，就是全經結尾處最後的精要核心。而〈解冤偈〉就是《藥師經》的精要總整理，以「偈」的形式吟詠「懺悔」。

第一部分：解結解結解冤結　解了多生冤和業

「解結」意味著念誦《藥師經》可以解開怨結或冤結，「冤與業」是前世作惡所招致的冤屈、業報，代表多個過往生命過程的冤與業。解結與冤業是〈解冤偈〉的關鍵要項，也是念誦《藥師經》的功德之一。

這兩句偈對應了《藥師經》的另外兩個經名：《十二神將饒益有情結願神咒》與《拔除一切業障》，經文中是透由天地山水精靈中的領導人物十二神將，來完成解結與冤業這個任務。

第二部分：洗心滌慮發虔誠　今對佛前求解結

「懺悔」是每個宗教純淨心慮的一種方法，在佛教的做法是祈請佛、菩薩的原諒與自身的解脫。

《藥師經》的懺文，說明娑婆世界所存在的生命體的意識污染垢重，人類和動物都是如此。這是來自於惡業的果報。藥師如來是宇宙神聖的智慧能量，可以教化引導眾生，而誦經者虔誠呼喚祂來下載其光明意識，方法就是透由念誦《藥師經》與〈藥師咒〉，先悔悟過往的罪業，接著才能隨所樂求。

經文中還指導修行者，如果想要拔除一切業障，得種種利益，那麼就應該對藥師如來所發的十二大願如實信解，如實修行。誠懇地懺悔，祈願諸佛、菩薩的保護，在這股宇宙神聖的能量庇蔭之下樂求皆遂，病苦悉除。達到這樣的狀態就是「洗心滌慮發虔誠　今對佛前求解結」。

第三部分：藥師佛　藥師佛　消災延壽藥師佛　　　　　隨心滿願藥師佛

　　前面總共四句偈，之後的是對藥師佛的至誠呼喚：「藥師佛，藥師佛，消災延壽藥師佛，隨心滿願藥師佛。」嚴格說來，這幾句不算是偈的一部分。不過，「隨心滿願」點出了《藥師經》的根本願望，即隨順自己的心意，同時能夠圓滿實現願望。「消災延壽」則是此經明確的功德之一，也就是消解災厄與延續生命等兩項功德。不過，〈解冤偈〉的重點還是在解除業力的影響。

　　簡短的〈解冤偈〉濃縮了《藥師經》的重點，好好念誦，就是讀誦《藥師經》後的「一分鐘總整理」。

03 輔助的治病眞言，讓療效加倍：消解病咒

　　後續儀軌中，以〈藥師灌頂眞言〉為主要眞言，而古代優秀的智者再幫大家準備了一個輔助眞言：〈消解病咒〉。其他經典也有類似的情形，例如談論空性的《金剛般若波羅蜜經》在後續儀軌的主要眞言是〈般若無盡藏眞言〉，但也增加另一個〈金剛心眞言〉做為輔助。

嗡　喹哩哆　喹哩哆　渾吒利　莎婆訶
om　shrita　shrita　kumtali　svaha

　　眞言的效果何在？除了靜坐，念誦眞言咒語同樣可以達到禪坐的寧靜狀態，每一次誦經持咒，都有助於再次獲取新的智慧能量。雖然念誦者可能短時間內察覺不到，但隨著時日點點滴滴累積下來的結果，有一天會突然發現自己擁有了比過去更多的智慧能量，也在頃刻之間，發現自己竟然身心都比過往健康，非常奇妙。〈消解病咒〉跟〈藥師灌頂眞言〉一樣，都是值得學習的身心咒語，不過，它卻是本書唯一有羅馬拼音卻找不到梵字的咒語。

「喹哩哆　喹哩哆」重複兩次

　　「嗡，喹哩哆，喹哩哆，渾吒利，莎婆訶」只有五個字，嗡（om）是宇宙充滿能量的聲韻，這裡的「莎婆訶」即是常見的 svaha 的另一個音譯。如前所述，首字 om 與 svaha 就如同一具宇宙飛行器的前後結構，om 宛若機首，目的是瞄準目標，而 svaha 類似機尾的引擎助燃器，推

動整組結合式的咒語。而在 om 與 svaha 之間安置的是核心咒語，所以這個咒語的核心是「喹哩哆，喹哩哆，渾吒利」，其中「喹哩哆」（shrita 或 srita）重複兩次，意義並非十分明確，它有遠離（detach from）、粉碎（shattered）、溶解（dissolved）等意思，可能是遠離病厄，或是粉碎病厄的意思。而「渾吒利」的梵字可以分析其意，能量非凡，詳述如下。

渾吒利流注甘露水，以洗滌眾生之心地

渾吒利（kuntali）是〈消解病咒〉最關鍵的咒字，為赫赫有名的「軍荼利明王」的梵音名號。如前所述，諸佛菩薩的名號即是咒語，充滿能量，kuntali 即是如此。

軍荼利明王是密教五大明王（the five major Wisdom Kings）之一，此尊又稱「甘露軍荼利明王」。「明」的意思即是智慧，「明王」代表智慧之王。明王的智慧光芒可以化度惡神惡鬼，因此，念誦此咒是透由神聖的智慧能量來催伏負面能量帶來的障礙。

後續儀軌的這個〈消解病咒〉就是「軍荼利明王」的神聖咒語，為何與〈藥師灌頂真言〉並列學習呢？因為該尊擁有一種神奇的聖藥，稱為「甘露」（amrita）。甘露既是天酒也是美露，經書上描述其味甘如蜜，為天人所食。天人是指住於欲界及色界諸天界之有情，而甘露是天人的神聖寶藥。

雙重神聖寶藥 Haritaki 與 Amrita 加倍療效

繼續追溯「軍荼利」一詞，它是梵語 kundali 的音譯，原本的意思是「瓶」，可以儲藏用之不竭的生命能量。在密教裡，瓶往往是甘露的象徵，

所以此詞又譯作「甘露軍荼利」，衍伸了 kundali 原意，並深化其生命能量的概念。

在密教，軍荼利明王透由慈悲的智慧能量照耀修行者。祂的智慧能量可以流注甘露水，以洗滌眾生之心地。於是，後續儀軌擁有雙重聖藥：〈藥師灌頂真言〉提供的「訶黎勒果」（haritaki，即藥師果），加上軍荼利明王在〈消解病咒〉提供的「甘露」，一起慈悲地護持念經持咒者。最核心概念是，「甘露水」可讓人達到身心純淨，而「藥師果」守護身體與心靈的健康。

醫療領域的 SOP 的真言

這個真言還記載在《毘尼日用切要》裡，該典籍是明末清初依據《華嚴經》淨行品與密教經典中的偈和咒，彙編而成的律儀典籍。**《毘尼日用切要》的「切要」，意思就是「切合要項」，即每天必須注意的要項。**「毘尼」是梵語 vinaya 的音譯（「毘」，音同「皮」），是三藏（經、律、論）中的「律藏」，也就是「戒律」。所以，「毘尼日用切要」的意思就是「戒律的日用切要」。

在這部《毘尼日用切要》中，還記載了看病的準則、醫療的程序，以及需要以慈悲之心來對待病人，等同於現代的臨床溝通技巧。在描述對待病人的準則之後，再貼心附上一帖〈消解病咒〉，就是幫病人念誦「嗡 喳哩哆 喳哩哆 渾吒利 莎婆訶」。在佛教中，此咒用於治療各種疾病，有助於消除萬病、身心健康，是治療各種疾病的強效咒語。這個咒語連結了醫師與病人的正面互動，很有意思。

04 《藥師經》功德的提示：藥師偈

藥師如來琉璃光　燄網莊嚴無等倫
無邊行願利有情　各遂所求皆不退
南無東方淨琉璃世界消災延壽藥師佛
南無消災延壽藥師佛（七稱）
南無日光遍照菩薩（三稱）
南無月光遍照菩薩（三稱）

偈是整本經文的重點提示，誦經之後的總複習！

前文討論的〈解冤偈〉，其內容是：「解結解結解冤結，解了多生冤和業，洗心滌慮發虔誠，今對佛前求解結。」著重於解除業力的負面影響。本單元將討論的〈藥師偈〉，其內容是：「藥師如來琉璃光，燄網莊嚴無等倫，無邊行願利有情，各遂所求皆不退。」重心是琉璃光芒的綿密串結與十二大願，以及四遂皆得。兩者都是《藥師琉璃光如來本願功德經》的重點提示，是誦經之後的總複習，後續儀軌的重心所在。

藥師如來琉璃光　燄網莊嚴無等倫

這兩句偈描述藥師如來散放出的琉璃光，而這些光芒連結串接，形成巨大的焰網，相狀莊嚴無與倫比。其內容來自於《藥師經》中十二大願的第二願：「願我來世得菩提時，身如琉璃，內外明徹，淨無瑕穢，光明廣大，功德巍巍，身善安住，焰網莊嚴，過於日月；幽冥眾生，悉蒙開曉，隨意所趣，作諸事業。」

宇宙的神聖智慧體幾乎都是以光芒的形式呈現，像是無量壽佛或大勢至菩薩皆是如此。無量壽佛是無限量的光芒（無量光），大勢至菩薩是無邊際的光芒（無邊光）。當然，藥師如來也是，除了以藍色的琉璃光綻放，更以如焰火光芒般的閃耀，連結成火焰網路，呈現莊嚴無等倫的境態。

由「光明廣大」而至於「光焰網莊嚴」，《藥師經》的光能網路如此綿密連結，其景態非常近似《華嚴經》裡的因陀羅網。讓我們回顧前面章節所述，天神因陀羅所掌管的神聖領域，被描述為宇宙之網的起源處：「在遙遠天界的因陀羅的天宮之中，巧匠掛起了一張朝向四面八方無盡延展的寶網，即為因陀羅網。」

藥師如來的「焰網莊嚴」，是其宇宙能量的顯現身形。經文中寫著，藥師的身形像琉璃般，內外明徹，純淨無瑕穢。這其實就是光芒的描述，而且光明廣大，功德巍巍，安住於善美的狀態。如此神聖光能的強度驚人，綻放耀眼光焰交織如網，其莊嚴超越太陽和月亮。充滿能量的藥師光芒，還會去照耀幽冥地獄裡的暗黑眾生，而且此願期盼眾生能隨著自己的意趣，進行生命事業。

無邊行願利有情　各遂所求皆不退

這兩句偈強調菩薩乘的慈悲精神，希望能解救所有的眾生，讓每個人的願望實現，各遂所求皆不退。《藥師經》中提到：「應生無垢濁心，無怒害心。於一切有情，起利益安樂、慈悲喜捨、平等之心。鼓樂歌讚，右繞佛像。復應念彼如來本願功德，讀誦此經，思惟其義，演說開示。隨所樂求，一切皆遂。求長壽得長壽，求富饒得富饒，求官位得官位，求男女得男女。」

〈藥師偈〉的「無邊行願利有情」，濃縮了上述《藥師經》文字的第

一部分，內心無垢濁之心和無怒害他人之心。對一切眾生要生起利益安樂、慈悲喜捨、平等之心。如此隨心樂意祈求，一切都能如願以償。

　　「各遂所求皆不退」的求，包括了求長壽的得長壽、求富饒的則得富饒、求官位的得官位、求子女的得子女，這就是《藥師經》著名的「四求皆遂」，壽命、財富、職場、子女都有圓滿的回應。於此，〈藥師偈〉的要點提示除了注重心靈層面，菩薩乘無私的心也回應世俗面的期盼，符合人世間的願望。

最後的叮嚀，稍微變動正確名號，就是更美好的偈

　　至於後面的四段文字，並不屬於偈的範圍，而是虔誠地呼喚藥師三尊、皈依三尊，點出了空間在淨土，功能為消災延壽，以及藥師琉璃光、日光和月光這三道宇宙光芒。此〈藥師偈〉是《藥師經》的總整理，而對於最後的「南無消災延壽藥師佛」，近代著名藝術家暨佛教僧侶弘一大師認為，應該更正確地呼喚藥師如來。他在一場講說的文字如下：

> 經中屢云聞名持名因其法最為簡易其所獲之益亦最為廣大也。今人持名者皆曰「消災延壽藥師佛」似未盡善，佛名惟舉「藥師」二字未能具足。佛德惟舉「消災延壽」四字亦多所缺略，故須依據經文而曰『藥師琉璃光如來』斯為最妥善矣。
>
> 　　　　　──取自弘一大師講述的《藥師如來法門略錄》

　　其實我們只要理解「南無消災延壽藥師佛」的稱謂目的，是為了點出藥師如來的「消災」與「延壽」的功德，**但若要真正連結上這位宇宙智慧體，名號的神聖密碼還是要正確**。弘一大師應該是擔心信眾念錯密碼，乃至於連結不上藥師如來的智慧能量。所以，祈請時還是要正確念誦漢譯「南無藥師琉璃光如來」，或是梵語羅馬拼音：namo bagavate baisajya guru vaidurya praba rajaya!

05 深入經藏，智慧如海：三皈依

接近本書的尾聲了，在這裡好好為大家解說佛教世界裡重要的〈三皈依〉。這個念誦適用於所有佛經，所以要好好學習。在寺廟的僧侶們，每天做早晚課時一定會誦念〈三皈依〉，最後再以迴向作結。這首朗朗上口的〈三皈依〉以偈的形式呈現，也就是每句四字。比較特別是，〈三皈依〉是文字較多的八句偈，不是常見的四句偈。

〈三皈依〉有什麼意涵呢？為何佛教徒做早晚課時必須念誦呢？首要的原因是，〈三皈依〉的核心目的是在祈請宇宙神聖智慧體的幫忙，並且提醒學佛者發願以佛、法、僧三寶為究竟皈依。第二個原因就是每日督促自己努力實踐願望，以追求宇宙智慧，而〈三皈依〉就像是每一天的座右銘，時時刻刻叮嚀我們。所以，早課念〈三皈依〉偈，是提醒自己要實現發願；晚課時則是反省自己到底做到多少。

出家僧侶、在家的凡常人、在家的禪行居士都適合念誦

〈三皈依〉的文字來自於《大方廣佛華嚴經》卷六的《淨行品第七》，由東晉天竺三藏「佛馱跋陀羅」（Buddhabhadra, 359~429）譯出。

> 自皈依佛，當願眾生，體解大道，發無上心。
> 自皈依法，當願眾生，深入經藏，智慧如海。
> 自皈依僧，當願眾生，統理大眾，一切無礙。
> 和南聖眾

皈依三寶的前面都加了一個「自」，意思是要應該先依仗「自力」，然後再「信賴」佛、法、僧，「相信」佛、法、僧的力量，「祈請」佛、法、僧的保護。這樣由自力連結他力，可加速獲取智慧的效率。自力與他力有何差異呢？自力是自己的努力，他力就是佛、菩薩的智慧能量。

佛、法、僧三位合一：
宇宙的神聖智慧「連結」宇宙法則的運轉

　　佛、法、僧並稱三寶。佛，意指一切之佛，包括歷史佛陀釋迦牟尼佛，也包括宇宙佛陀，如阿彌陀佛或是藥師如來。佛（buddha）的境界是達到宇宙終極智慧，不再煩惱，是一種無法超越的覺醒。

　　法（dharma）是宇宙運轉的法則。而佛所說之法，即法寶。奉行佛所說之法的人，即僧寶（sangha）。更精準的說明是：佛代表「覺知」，法是「法軌」，僧代表「和合」。

　　「和合」的梵語是 samagra，意思是和諧地合併在一起（unified, harmonized, combined），也就是修習過程中要與佛、法和諧地合併在一起，連結在一起。

　　「僧」則代表「和合」的過程，僧侶的追求智慧過程，就是宇宙的神聖智慧（覺知）連結宇宙法則的運轉（法軌）。

　　以下是〈三皈依〉的詳細解釋：

佛：體解大道，發無上心

　　「體」的意思是通達體悟，「解」是指領悟理解，「體解」即是體悟理解。「大道」代表覺醒的道路，「體解大道」的意思就是通達悟解覺醒的大道，而且在這條路上要發心，一種朝向無上正等正覺的發心。

法：深入經藏，智慧如海

「深入經藏」是指深入佛陀講說之經典。一切大小乘經典都屬於「經」，經中各涵藏事理，故曰「藏」。佛所說的智慧如海，既深又深廣，如大海般，《無量壽經》就寫著：「如來智慧海，深廣無涯底。」

「深入經藏，智慧如海」的意思，就是深入佛陀講說的經典，追尋佛陀如海的智慧。

僧：統理大眾，一切無礙

「統理大眾」出自於《華嚴經》，「統理」的意思是統合治理，「大眾」則包括內大眾與外大眾，不僅要統理外面的外眾生，更重要的是統理自己的內眾生，將貪、瞋、痴、慢、疑等負面能量統理好，不起貪念的心、不起瞋恨的心、不起愚痴的心，如此將達到一切無礙、沒有任何障礙的境界。

《華嚴經‧淨行品》勉勵學佛的人，要能夠做到「統理大眾，一切無礙」。每個人都是憑自己的經驗和知識的觀點，來當作標準而加以判斷，於是容易產生許多障礙，所以練習把自我放下是很重要的，由統理外面的外眾生，轉為統理自己的內眾生，才能一切無礙。

佛法重實質，不重形式

了解〈三皈依〉的意義後，我們來看章嘉大師（1891~1957）的一句話，以便更透徹地念誦〈三皈依〉。章嘉大師是青海省藏族的第十九世章嘉呼圖克圖（Hotogtu）。「呼圖克圖」是蒙古語，譯成中文有「明心見性」、「生死自在」之意，但現在已經是「活佛」（living buddha）的俗稱。章嘉大師說：「佛法重實質，不重形式。」實質就是把佛法放在心上，把〈三

皈依〉放在心上，這是我們生生世世修行最高的指導原則。放在心上是
重點，如果只是有口無心的念誦，就失去了〈三皈依〉的意義。

和南聖眾，「和南」是梵語音譯

〈三皈依〉的結尾誦詞是「和南聖眾」，「和南」是 vandana 的梵語
音譯，簡單說就是「敬禮」的意思（註：da 音沒譯出來）。此處的「僧」
字是指聖眾。所以比丘們唱誦「皈依僧」之後，由寺院裡管理事物的「維
那師」（梵語是 karmadana）引領大家念誦的最後一句「和南聖眾」，意思
就是「敬禮我們所皈依的聖眾們」。

06 《藥師經》的重點再次總整理：藥師讚

藥師佛延壽王　光臨水月壇場
悲心救苦降吉祥　免難消災障
懺悔眾等三世罪　願祈福壽綿長
吉星高照沐恩光　如意保安康

偈與讚在格式上略有差別

為什麼有了〈解冤偈〉、〈藥師偈〉，又來個〈藥師讚〉呢？讓我們再複習一次偈與讚的差異。「偈」是梵語 gatha 的音譯，意譯為頌，類似於詩的有韻文辭，通常以四句為一偈，等同於佛經的詩歌讚美。而這個單元論及的「讚」，完全不受字數與句數的限制，「讚」的梵語是 stotra，音譯為「戍怛羅」，意思是讚歎佛德。此〈藥師讚〉共有八句，完全不受四句的限制，字數也不同，有五個字，也有六、七個字，隨意自在整理出《藥師琉璃光如來本願功德經》的八個重點。

看完八大重點，心中有個踏實的總回顧

1.「**藥師佛延壽王**」說明藥師如來的特質可以達到延續生命的功德。

2.「**光臨水月壇場**」的光是琉璃光，水月有影無實，以喻諸法無有實體。藥師壇場儀軌中的設置描述，在經中占有相當的篇幅。此壇場擺設七尊藥師佛，每尊佛前供養七盞燈，共四十九盞燈，而且法會過程中必須供養四十九天。以點燈的光明象徵生命的光明及延續，

造長綵幡亦是此意，代表生命的綿長。映照在水面上的月有影無實，以水月提示藥師儀軌的實踐操作是超越實體的能量。

3. 「**悲心救苦降吉祥**」的重點是菩薩行，此乃藥師法門三大重點之一。菩薩行的關鍵就是藥師十二大願，那是藥師如來尚未成佛，還是菩薩時的本願功德。

4. 「**免難消災障**」說明業力的影響，反應藥師法門三大重點之二：拔除一切業障。

5. 「**懺悔眾等三世罪**」強調懺悔的重要，罪業的處理方式可以連結到藥師法門三大重點之三：十二神將饒益有情結願神咒。

6. 「**願祈福壽綿長**」說明此經可促成幸福的生活與壽命的延長，這當然是來自於藥師如來的藥，療癒了身體、心靈與靈魂深處。

7. 「**吉星高照沐恩光**」的意思是，善美的藥師琉璃光芒包圍著誦經者，可以透由誦經沐浴在藥師如來吉祥的能量。

8. 「**如意保安康**」是指藥師琉璃的保護能量，能夠隨心如意、安穩健康。這就是《藥師經》著名的四求皆遂，壽命、財富、職場、子女都有圓滿的回應。

07 最後一個美好祥和的後續儀軌：迴向偈

這是一個非常重要的單元，但修行者卻經常忽略了，若能認真實踐，會有極大的進步。

後續儀軌的最後一個儀式是「迴向」，這是對宇宙智慧能量的虔誠呼喚，其重要程度不亞於誦讀本經。「迴」是指迴轉，「向」是指趣向。佛經中常出現的「趣」字，很多人不明白，以為是樂趣。其實，「趣」的意思等同於「趨」，也就是「趨近、接近」的意思。回轉自己所修的功德，以趣向於其他同樣也需要佛菩薩保護的眾生，叫做「迴向」。

慈悲穿越分隔「我」和「你」的空間，連結在一起

迴向與慈悲心有著密切的關聯，佛教與其他宗教的傳統是相同的，都把慈悲心視為人類心智共有的情況。量子力學的實驗研究提供了一個有力的支撐：「慈悲心能夠以遠距傳送的方式給另一個人，產生出可以在實驗室測量的生理效應」（請參考延伸學習單元 03 的實驗說明）。「慈悲」的英文是 compassion，com 是指共同的，passion 是指情感，這個英文單字除了有「慈悲」的意思，也可以翻譯成「同理心」，意味著感同身受他人的苦與痛。

量子科學發現同理心的連結確實存在，它們可以穿越分隔「我」和「你」的空間。當然這種關聯是肉眼看不見的，而是一種延伸到大腦之外的無形關聯，反映在生物體的腦波或神經系統的波動，這樣的能量振動是佛經的甚深微妙法。

我們可以將在意識上對迴向的認知，運用在誦經的結尾。在量子科

學的實驗下，無法否認人類可以與他人甚至一切萬物的連結。藉由迴向的連結，發揮自己的力量投入宇宙眾生的共同療癒，並透由這個機會，讓我們成為更和平、更慈悲的人，積極創造能夠反映出這些善美品質的世界，亦即一個更美好的世界。

迴向是個有意義的有效方法，既能提供「自身」解決問題的能量，也能轉化給相連結的「一切生命體」。回想先前單元所說：宇宙萬物相互連結，每個量子層面的光子（註：光子是構成物質的基本元素）可以產生奇妙的相互影響，彼此之間將產生更龐大的能量連結，像個無限網路，網網相連，就像《華嚴經》的「因陀羅網」。

《藥師經》的迴向偈採四句偈的形式，內容如下：

> 願消三障諸煩惱
> 願得智慧真明了
> 普願罪障悉消除
> 世世常行菩薩道

慈悲的偉大能量能消解負面的能量，迴向是業力消除器

去除煩惱、獲取智慧、消解業障、行菩薩道，這四件事都是終身學習佛教的核心課題，也明確地寫在這個〈迴向偈〉中。

「願消三障諸煩惱」的三障，是指煩惱障、業障、報障。先談煩惱障，影響最大的是貪、瞋、癡帶來的迷惑。業障，如五逆十惡等業障。報障，如地獄、餓鬼、畜生等的前世苦報。在迴向過程中，由於慈悲的同理心具備強大的能量，有機會化解這個惡緣。向虛空宇宙不認識的生命意識體送上祝福，而因為因陀羅網無限的連結，這份善美的能量會傳遞給前

世業報。

　　過去你對其他生命體的傷害，此生的我們早已不記得了，而迴向的善美能量有機會彌補過往的遺憾，以和諧的模式來對待這些負面能量。迴向是「業力消除器」，可以返轉過往不當的業力所形成的障礙。

懺悔過往、慈悲未來，幸運會跟著你

　　迴向文不僅止於懺悔過往，還要懷抱慈悲心，慈悲未來，真誠地幫助其他的宇宙生命體，也就是要著重在感恩與同理心。當你時時滿懷感激的事與感恩的心情，幸運會跟著你。

　　迴向一開始是為了解決自身生命困境而祈請，誦經完畢時，要至誠地向此咒的佛、菩薩祈請，讓所有與你「面臨相同困境」的意識體都能獲得佛、菩薩的保護，如此一來，此功德就有了多元的善美發展。所以，迴向文是發揮同理心，透過別人的觀點來體驗世界。

迴向時，真誠的心意最重要

　　每句字數相等的叫「迴向偈」，句子長短不一是「迴向文」，偈與文的內容很相似，只是文體不一樣。上述的〈藥師迴向偈〉是每句七字的四句偈典型體式。當你為親人念誦《藥師琉璃光如來本願功德經》與《藥師灌頂真言〉，結束時也要祈請藥師如來保護與協助「同樣」正處於病痛的所有生命體。

　　由祈請而產生的發願之力，在連結上的效應更讓人驚訝，呼喚諸佛、菩薩的同時，既能提供「自身」解決問題的能量，也能轉化給相連結的「一

切生命體」，這是學習菩薩的慈悲。

此外，在誦經結束時「迴向」給宇宙生命體，也能讓「共鳴作用」顯現能量與能量之間的呼應，讓特定形式的美善能量與其他類似形式的能量產生共鳴。最後，請記得，迴向時，真誠的心意最重要。只要真情向佛、菩薩陳述，能夠表達清楚用意即可。

迴向是在真實世界練習安穩自我實現之路，是實踐菩薩乘的法門之一。固定的宗教儀式都有嚴謹的迴向詞，這當然很好。但是，如果忘記了，也別擔心。只要誠心誠意，無論如何念、怎麼迴向，宇宙神聖意識體都會接收得到。迴向偈和迴向文有很多種，可任選適合自己的一個即可。

08 簡易版誦經儀軌的重點提醒
適用於大多數經典

🔔 叮嚀一：不可忽略〈香雲讚〉的重要性

記得，一定要啟動人類不可思議的五種感官之一：嗅覺。嗅覺訊號的傳遞路徑不必經過大腦的視丘，而是「直接」傳到掌管情緒的杏仁核，「香」在佛教儀式中擁有與佛、菩薩同樣強大且深遠的連結力，香雲蓋菩薩的能量是真實不虛的。

🔔 叮嚀二：千萬不要有口無心地念誦偈、頌、讚、迴向文，太可惜了！

偈、頌、讚是經文重點總複習，是歷代優秀智者誦經時的心得重點，每一次認真念誦，等同於再一次的精華學習。持續累積經文的邏輯智慧，其中有許多是透由理智的思考。迴向文則不同，是以至誠的情緒與慈悲去連結宇宙共同的智慧能量，讓自己的祈請能量與宇宙眾生的祈請能量連結在一起，是超越邏輯的直覺能量。邏輯智慧與直覺能量在修習過程中都是重要的。

🔔 叮嚀三：不可忽略「南無」（namo）一詞的重要性

「南無」是個威力強大的咒字，所涵藏的意義至少包含「禮敬、歸敬與皈依」三個層面。此咒字代表虔誠禮敬、歸敬皈依宇宙神聖意識體，

對象是諸佛、菩薩。許多人在念誦時其實沒有認真投入，請務必以虔誠的心來念誦每一次的「南無」，即可以有效地下載佛、菩薩的智慧能量。透由真心地念誦「南無」，可以在修行過程中一窺更高層次的實相，感覺受到佛、菩薩的看顧和保護，也會感受到生命中的幸福。

🔔 叮嚀四：每次誦經都要認真純淨身體、心靈與空間

對於淨身業、淨口業、淨意業這三個真言，每一次念都要專心，以藉此純淨個人。再透由〈安土地真言〉創造潔淨的空間，並且以〈普供養真言〉下載虛空中永不窮竭的豐沛能量。

這些都是誦經前重要的準備動作，認真進行這些真言的念誦，將可能「瞬間」提升誦經的效果，再經過一段時日，有機會領會到宇宙善美的能量。

🔔 叮嚀五：一定要念誦完整本經文嗎？

隨順自然最重要！當然可以分章斷節！每天要「完整」且「有口有心」誦讀一本經，以現代生活節奏而言是有難度的。除非出家走入僧院這樣的環境，才能擁有完整充分的精進時間。

誦讀經文是為了追尋「內在」的自我，尋找意識的創造力與聰慧，也就是內在智慧的自我追尋。別為了念誦完畢而加速草草完成，之後又悔恨自己的不夠虔誠，很可能延伸成無力的挫折感。

🔔 叮嚀六：念經次數的重要性與有口有心的逐一誦經，何者比較重要？

應該是有口有心的念誦態度比較重要。如果嚴格規範誦經次數，僅是彰顯於外的次數增加，未必與自己內在的學習有完全的關係。帶著虔誠的心，隨著自己在現實生活中可以接受的步伐，就能找到個人力量泉源的節奏。有口有心的十分鐘，遠勝過有口無心的數小時。

🔔 叮嚀七：除了熟讀經文，更重要的是融入生活，自然體驗與實踐！

跟隨經經典，珍惜並注重生活中的陽光、空氣、水，享受愉悅的新空靈美學。以《藥師經》為例，儀軌之處細說了供養佛、菩薩的物品。所有的過程共有六種，稱為六供養，意思是六種提供養分的方式，分別是花、塗香、水、燒香、飯食、燈明，這些可以完全融入每一天的生活美學，自在去接觸。

🔔 叮嚀八：處於病痛或痛苦的狀態時，要虔誠且「明確地」告訴佛、菩薩

人類的情緒是一種無聲語言，參拜時充滿虔誠的信念，把心中的苦難告訴佛、菩薩，在感恩的情緒下，於佛、菩薩面前發出祈願，更能與佛、菩薩的能量接軌，那股連結的力道更為緊密強固，所以要以誠摯的心來呼喚祂所具備的神奇療癒力。而且一定要講清楚！當處於病痛或痛苦的狀態時，要虔誠且「明確地」告訴佛、菩薩，自己的病痛之處，結果將會不一樣的，會朝著善美有效的狀態前進。

延伸學習

01‧四合經儀軌分析

各佛教經典的核心要義及誦經儀軌略有不同，以下先以對照表呈現，再進行文字解說。

	藥師經	金剛經
核心佛菩薩	藥師如來（宇宙佛陀）	釋迦牟尼（歷史佛陀）
淨土空間	東方淨琉璃世界	娑婆世界
經文要義	現世身心靈的平和	空性思想
前行儀軌	爐香讚	爐香讚
	淨口業真言 淨意業真言 淨身業真言 安土地真言 普供養真言	
	發願文 開經偈 藥師三尊 奉請八大菩薩 奉請十二藥叉大將	奉請八金剛 奉請四菩薩 發願文 云何梵 開經偈
正式經文	藥師琉璃光如來本願功德經	金剛般若波羅蜜經
後續儀軌	藥師灌頂真言 解冤偈 消解病咒 藥師偈 三皈依 藥師讚 迴向偈	般若無盡藏真言 金剛心真言 補闕真言 補闕圓滿真言 普迴向真言 金剛讚 般若波羅蜜多心經 大悲咒 三皈依

佛說阿彌陀經	普門品	
阿彌陀佛（宇宙佛陀）	觀音菩薩（人間與宇宙菩薩）	核心佛菩薩
西方極樂世界	普陀洛山	淨土空間
淨土思想	神通力、慈悲能量	經文要義
蓮池讚	楊枝淨水讚	
淨口業真言 淨意業真言 淨身業真言 安土地真言 普供養真言	淨身業真言 淨口業真言 淨意業真言 安土地真言 普供養真言	前行儀軌
開經偈	法華偈 開經偈	
佛說阿彌陀經	妙法蓮華經觀世音菩薩普門品	正式經文
往生咒（拔一切業障根 本得生淨土陀羅尼） 讚佛偈 大慈菩薩發願偈 三皈依 彌陀讚 迴向偈	真言曰 觀音靈感真言 觀音菩薩偈 讚觀音文 三皈依 觀音菩薩讚 般若波羅蜜多心經 大悲咒 迴向偈	後續儀軌

四位佛菩薩與四部經文的要義

表格中的《藥師經》的核心人物是宇宙佛陀藥師如來，祂來自東方淨琉璃世界，經文內容著重於眾生現世病苦災厄的救濟與獲得福樂。而《金剛經》屬於般若部的經典，談論空性思想，主要人物是歷史佛陀釋迦牟尼佛，存在的空間是娑婆世界。《佛說阿彌陀經》是淨土宗的根本經典之一，是念佛人修行的重要依據。該經的核心人物是宇宙佛陀阿彌陀佛，是西方極樂世界的教主。

三位佛陀分別居住於宇宙東方的淨琉璃世界、娑婆世界與宇宙西方極樂世界。當我們走進寺院的大雄寶殿，右邊是藥師如來，日出東方代表一天的開始，而後是日正當中的釋迦牟尼，位處中央，最左邊則是日落西山的阿彌陀佛。

至於，四合經最後的《普門品》，經文內容是觀世音菩薩的神通因緣，代表普門品的功德的不可思議的，念誦此經可以逢凶化吉，遇難呈祥，這是強調觀世音菩薩的慈悲能量。祂在宇宙居住在普陀洛山，在寺院通常安排在上述三位佛陀的右邊。

寺院的三寶佛再加上觀世音菩薩的經典組合成《四合經》，佛教徒於此可以分別獲得 ❶ 藥師經的現世身心靈的平和，❷ 金剛經的空性智慧，❸ 佛說阿彌陀經的淨土思想，❹ 普門品的不可思議的神通力與慈悲能量。

儀軌的提醒說明

1. 儀軌中「真言」的功能是下載佛菩薩的智慧能量。「偈」是固定音節的四句文字，濃縮整部經文的要義。「讚」是對佛菩薩功德的讚歎、讚美，字數不定的韻文章句。傳統四合經的前行儀軌與後續儀軌內容大致相同，但部分寺院略有差異。

2. 《藥師經》與《金剛經》的儀軌特別完整，適合初學者學習比對的版本。兩經的儀軌分別發展出內容龐大的《慈悲藥師寶懺》與《大乘金剛般若寶懺》，而此兩部寶懺在寺院年度法會時，由法師帶領信眾共同念誦。

3. 《藥師經》與《金剛經》都有〈爐香讚〉與〈發願文〉。《佛說阿彌陀經》是〈蓮池讚〉，而《普門品》是〈楊枝淨水讚〉，後兩部經無發願文。

4. 四部經典都有〈淨口業真言〉、〈淨意業真言〉、〈淨身業真言〉、〈安土地真言〉、〈普供養真言〉，前三部次序相同，唯獨最後的《普門品》略有差異。

5. 四部經典前行儀軌都有〈開經偈〉，後續儀軌也都有〈三皈依〉。

6. 三部經典都有〈迴向偈〉，唯獨金剛經是普迴向真言。

7. 《金剛經》與《普門品》的後續儀軌都加入《心經》與〈大悲咒〉，占了不算短的念誦時間。

02· 量子力學與雙縫實驗

為什麼我們要認識量子實驗？

量子力學巨擘尼爾斯·波耳（Niels Bohr）曾說：「如果你沒對量子力學深感震驚的話，表示你還沒了解它。」如果走入量子力學的世界，一系列雙縫實驗的結果一定會讓人迷惑、驚訝，感受到波耳所說的「深感震驚」一詞。而達賴喇嘛也是如此，所以三十多年來他持續與世界頂尖的科學家對話，近年也曾經與華人科學家深談量子力學。達賴喇嘛認為，他與西方科學家對談有很多收穫，即使科學家大多不懂佛教哲理，但彼此都發現科學與佛學之間有相當的共同點。

長久以來，達賴喇嘛對科學一直很仰慕，他採用開放的角度來看待宗教，認為如果科學證明宗教有錯誤之處，宗教就應該修正。讓我們來介紹四個神奇的雙縫實驗，了解為何量子實驗可以連結到佛教思想。

曾經與達賴喇嘛對談的臺灣科學家陳岳男寫下回憶文章，提到 2018 年在達蘭薩拉的物理座談會上，他請教達賴喇嘛，理解量子力學對平常的修行是否有幫助？達賴喇嘛給予肯定的回應，**也說自己的觀想修行在某個層次時，透過量子科學思維的確有幫助。** 於是，筆者特別介紹以下四個重要的雙縫實驗。另外一提，陳岳男教授是成功大學「前沿量子科技研究中心」主任，其研究領域橫跨量子傳輸、量子資訊及量子生物，獲獎無數。

🧪 實驗❶
1803 年，湯瑪士．楊格進行人類史上首度的雙縫實驗：
證明光是一種波

　　雙縫實驗（又稱雙狹縫實驗）最早始於英國物理學家湯瑪士．楊格（Thomas Young）。1803 年，他將**光束**射向一張紙卡上的兩道狹縫，穿過狹縫的光線會在屏幕上形成明暗相間的條紋圖案，類似斑馬線一黑一白的圖案。就像在池塘丟下兩顆小石子，它們在水面激起的漣漪向外擴散，彼此交會所形成的**干涉現象**（interference）。楊格證明了光是一種波，兩道光波的**波峰**與**波谷**彼此疊加或抵消，才造成斑馬線圖案。請注意，往後實驗只要有一黑一白的圖案，就代表出現干涉現象。

　　這是人類首次在實驗室證明光具備波的特質，湯瑪士．楊格曾被譽為「世界上最後一個什麼都知道的人」。楊格開創出這個神奇的實驗，往後的科學家在之後兩百年陸續發展出各種雙縫實驗的變異版本。

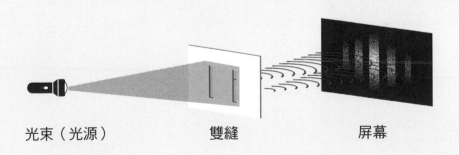

光束（光源）　　　　　　　雙縫　　　　　　　　屏幕

1. 這時候還沒有觀察者。2. 實驗中只有三個關鍵設備：光束（光源）、雙縫、屏幕。3. 干涉現象是明暗相間的條紋圖案，類似斑馬線一黑一白的圖案。

🧪 實驗❷
1909 年，泰勒爵士一次一個光子實驗：
光子似乎有分身術

　　在前一個實驗中，湯瑪士‧楊格證明「光是波」，而在一百年後，量子力學發現了「光也是粒子」，如此應證本書多次提及的「波粒二元論」。本書無法一一細說兩百年來多次變化的雙縫系列實驗演進過程，只介紹四個重要實驗，其中最奇特的應該是 1909 年的一個實驗。由英國物理學家泰勒爵士（Geoffrey I. Taylor）重做楊格的雙縫實驗，他以流體動力學與波理論聞名於世。

　　這次泰勒將光源的強度減弱到最多只能發射**一個光子**。沒想到，長時間累積下來，結果仍然形成一黑一白的干涉圖案。還記得嗎？干涉現象是兩個波的交互作用，當一次只有一個光子通過狹縫，它能跟誰干涉呢？**自己跟自己干涉，那不就是光子有分身術？**似乎是光子通過狹縫時一分而二，然後再互相干涉。

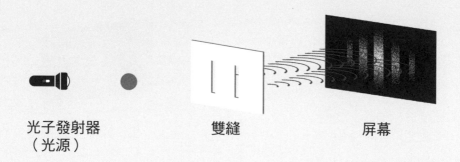

光子發射器　　　　　　　　雙縫　　　　　　　　屏幕
（光源）

1. 這個單元的實驗依舊有三個關鍵設備：單一光子發射器（光源）、雙縫、屏幕。2. 請注意這時還沒有觀察者，下一個實驗才開始有觀察者。3. 即使一次射出一個光子，還是有干涉現象。

小提醒

接下來的雙縫實驗更為複雜，多出了觀察者。結果更為驚人，觀察重點在此先整理給讀者參考。

1. 實驗設備多出一個觀測儀器，這點非常關鍵，而且它的位置放在光子發射器這端。

2. 探測儀代表人類在觀察光的運動方式，就如同相機、攝影機的功能。

3. 光源（光子發射器）代表光的起點，中間過程將會通過雙縫，而屏幕是光的終點。

🜚 實驗 ❸
1965 年，「費曼想像實驗」與真正實驗室的結果：光彷彿有意識

1965 年，理查·費曼提出一個想像實驗（或稱假想實驗），假定在「光子發射端」安置一個探測儀開關，這代表人類在觀察。這個實驗與前面兩個實驗巨大的差異是出現觀察者了，代表人類的意識將介入實驗過程。費曼是美國理論物理學家，以對量子力學的路徑積分表述與量子電動力學聞名於世，並因其對量子電動力學的貢獻，於 1965 年獲得諾貝爾物理學獎。

對於這個想像實驗，費曼當時「預測」有了觀測者，干涉現象將會消失。意思是，這個實驗中，光將以粒子形式通過雙縫到達屏幕，結果

會是只有兩條長條光帶。「想像實驗」的意思是，以當時的科技還無法在實驗室完成，要等到未來有更先進的設備才能進行實驗。

光子有意識？

1970 年代後期，終於有科學家成功做出真正的實驗了，實驗的結果如同費曼的推測。當打開探測儀，干涉現象會消失，光以粒子形式出現。當關閉探測儀，黑色屏幕出現干涉現象，出現一黑一白的平行光帶。費曼實驗的結論是，如果有人觀察，光將會以粒子形式通過雙縫。如果無人觀察，光將以波的形式通過。實在太神奇了，只不過在發射端放個探測儀（代表人在觀察）實驗結果就不一樣了。光竟然能知道人類在看它或不看它？

費曼實在太聰明了，誰會想到只擺一個探測儀，就影響整個實驗結果！

實驗結果重點整理

整理費曼實驗，在**未通過雙縫前**就進行觀察，結果是：

1. 探測儀開啟（代表有人觀察）⇨光以粒子形式呈現⇨黑色屏幕沒有干涉現象

2. 探測儀關閉（代表無人觀察）⇨光以波的形式呈現⇨黑色屏幕出現干涉現象

可以分身又擁有意識？

　　在前一個實驗中，泰勒爵士採用一次一個光子，證明光子與自身產生干涉作用，宛若有分身術。費曼實驗則顯示，一旦人類想查明光的走向，干涉現象就會消失。好像它永遠知道是否有人在窺探它，而光只在沒有人看時才願意表現出神祕的自我干涉。連續兩個實驗讓我們發現光真的很奇妙，又有分身術，又彷彿擁有意識能知道有沒有人在觀察它。下一個雙縫實驗繼續驚嚇世人，看了之後會感到瞠目結舌，因為光子與科學家像是在玩躲貓貓的遊戲。

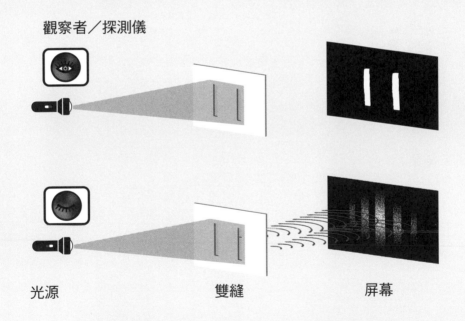

1. 這個單元的實驗總共有四個關鍵設備：光子發射器（光源）、雙縫、屏幕、探測儀。2. 實驗中已經有觀察者。3. 觀察者的位子在光子發射端。4. 光源（光子發射器）代表光的起點，中間過程將會通過雙縫，而屏幕是光的終點。

🧪 實驗❹
1979 年，「惠勒延遲選擇想像實驗」與真正實驗室的結果：現在可以改變過去

1979 年，約翰‧惠勒提出一個「延遲選擇實驗」，改變費曼的原始版本。惠勒是美國理論物理學家，廣義相對論領域的重要學者和宗師。延遲選擇實驗起初也是一個想像實驗。這回惠勒在通過雙縫「**之後**」才設立一個探測儀。「延遲」一詞的意思就是在光到終點的屏幕前才進行觀察，也就是我慢一點再看你。實驗結果也是與惠勒的預測吻合。

真正於實驗室的實驗結果是，探測儀「瞬間」開啟，代表突然有人觀察。結果沒有干涉效應，屏幕上只出現兩條長條光帶，顯示光以粒子形式抵達終點。反之，探測儀關閉，代表從頭至尾始終無人觀察。干涉現象將出現在屏幕，這代表光以波的形式抵達終點。這個看起來似乎沒什麼特別，不就與費曼實驗一樣嗎？不！差距甚大。

人類意識改變過往的業力或是改變了歷史

費曼實驗的觀察者在光子發射端，光旅程的起點。惠勒的實驗在屏幕端，光旅程的終點。前者可以代表過去，後者則是代表現在，兩者觀測的時間點不同。所以，惠勒假想實驗的結論似乎是「現在的行為改變了過去已經發生的事」，這個實驗顯然比前面幾個實驗更神奇。

簡單說，光都已經以波的形式通過雙縫了，這個時間點非常關鍵，代表這事情早已經發生。沒想到，「現在」一觀察它，竟然更改「已經發生的事」。原本是過去的波，瞬間變成現在的粒子。這簡直是顛覆因果關係。這個實驗給出了一個特殊的結論：我們「現在」的行為會對「過去」

產生了影響，這個過程像是改變過往的業力或是改變了歷史。

實驗結果重點整理

惠勒延遲選擇假想實驗，是在光已經**通過雙縫之後**，到達終點（屏幕）**才**進行觀察，結果同樣是：

1. 探測儀開啟（代表有人觀察）⇨光以粒子形式呈現⇨黑色屏幕沒有干涉現象

2. 探測儀關閉（代表無人觀察）⇨光以波的形式呈現⇨黑色屏幕出現干涉現象

作者的叮嚀：觀察點與時間的關係

1. 通過雙縫那個時間點：代表過去已經發生的一件事情。

2. 抵達屏幕的觀察：代表現在的行為。

光不僅擁有意識，還能夠「預知」

還有另一種推測，就是：光除了擁有意識之外，還能夠事先「預知」人類在未來是否會觀察它。這意思是說，一開始光以波的方式出現，因為沒人觀察它。但光似乎可以預知在它抵達終點時會有個觀測儀。於是，一過完雙縫之後立刻變成粒子（探測儀開啟）或維持現狀（探測儀關閉）。如果再進一步擴大解釋：光是宇宙的元素，人類的意識可以改變光的過去，那麼等同於人類改變了宇宙的歷史。

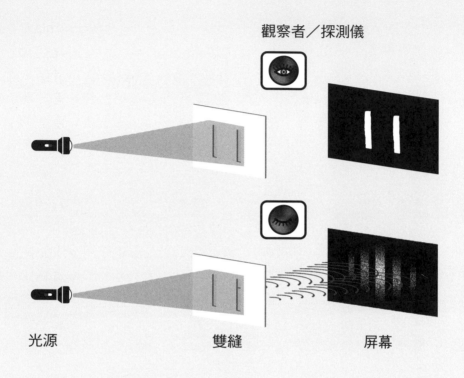

觀察者／探測儀

光源　　　　　　　雙縫　　　　　　　屏幕

1. 實驗總共有四個關鍵設備：光子發射器（光源）、雙縫、屏幕、探測儀。
2. 已經有觀察者。3. 請注意觀察者的位子改在屏幕前，與前一個實驗不同。

03・遠距「心靈力量」對「生理效應」的實驗

　　1990 年，加州太平洋醫學中心（Center Medical Pacific California）進行一個遠距實驗，想證明心靈是否可以影響生理效應，影響的程度又是如何。精神病理學家伊麗莎白・塔格（Elisabeth Targ）博士是計畫負責人，總共召募了不同背景的四十位治療師，從正統基督徒到印第安薩滿巫師都有。同時，她找到了一群病情相近的末期愛滋病患者。這些病人擁有數量接近的 T 細胞以及由愛滋病引起的多種疾病。T 細胞是淋巴細胞的一種，在免疫反應中扮演著重要的角色。

　　實驗進行的方式是，由治療師們向一群愛滋病人發送「治療念力」。治療師會感受病人身體部位的苦與痛，再予以治療。整個過程中，病患不知道有人在「治療」他，治療者也不認識病患。也就是嚴守「雙盲」（blinded-double）的實驗原則。治療師都會收到一個密封的資料袋，其內有病患的姓名、照片、T 細胞數。治療的節奏固定且密集，每隔一個星期，治療師會被分配到一名新病人，接下來連續六天每天花一個小時看著相片發送治療念力。

　　其成果非常驚人。實驗結束後，沒有接受遠距治療的「對照組」中，有 40％的病患死亡。獲得治療師以念力進行遠距治療的「實驗組」，所有病人不只全都活著，而且各方面評量都比以前健康許多。這證明了遠距治療師「心靈力量」對病人的「生理效應」，可以產生正面的影響。

　　實驗的過程等同於四十位治療師遠距關懷病人，他們感同身受「病人的苦與痛」，以慈悲心祝福愛滋病患者康復，讓自身的「修護力」以遠距傳送的方式給另一個人。其實，生命臨終時宗教團體的助念方式，或是社會上為重傷病患的集氣，這樣的過程也是類似以慈悲心去祈求的遠距能量。

BX0021

誦經與量子力學
從藥師經儀軌了解意識能量轉化的奧祕

作　　　者｜張宏實
責任編輯｜于芝峰
協力編輯｜洪禎璐
內頁排版｜劉好音
封面設計｜小　草

發　行　人｜蘇拾平
總　編　輯｜于芝峰
副總編輯｜田哲榮
業務發行｜王綬晨、邱紹溢
行銷企劃｜陳詩婷

出　　版｜橡實文化 ACORN Publishing
臺北市 105 松山區復興北路 333 號 11 樓之 4
電話：（02）2718-2001　傳真：（02）2719-1308
網址：www.acornbooks.com.tw
E-mail 信箱：acorn@andbooks.com.tw

發　　行｜大雁出版基地
臺北市 105 松山區復興北路 333 號 11 樓之 4
電話：（02）2718-2001　傳真：（02）2718-1258
讀者服務信箱：andbooks@andbooks.com.tw
劃撥帳號：19983379　戶名：大雁文化事業股份有限公司

印　　刷｜中原造像股份有限公司
初版一刷｜2022 年 03 月
初版四刷｜2023 年 06 月
定　　價｜480 元
Ｉ Ｓ Ｂ Ｎ｜978-626-7085-16-5

國家圖書館出版品預行編目（CIP）資料

誦經與量子力學／張宏實著．－初版．－臺北
市：大雁文化事業股份有限公司橡實文化出
版：大雁出版基地發行，2022.03
264 面；17*22 公分
ISBN 978-626-7085-16-5（平裝）

1.CST：佛教諷誦

224.3　　　　　　　　　　　111001554